本当は秘密にしたい ソウルの おいしいもの巡り

東山サリー

JN058294

SHC 産業編集センター

韓国で小さな幸せを探す旅

韓国の若者の間で数年前から広がった

「小確幸（ソハクヘン）」というライフスタイル。

韓国でも人気の高い作家・村上春樹さんの

本に出てくる造語で、文字通り小さな確実な幸せという意味。

2020年に出版したときは、

韓国の世相や流行のひとつのようにポップに捉えていたけれど

韓国で留学・就業して以降、

よりこの言葉を深く捉えることができるようになった。

激しい競争社会で戦うため社会人になっても

常にステップアップするため勉強を続け、

個人事業をしている人たちは休みなく働き、

しかも若者中心社会なので30代以降は将来の悩みも増える。

リアルな韓国社会にダイブすることで、

競争社会と外見至上主義の波に溺れることもあった。

旅していた時のように100％純粋に

ただただ韓国を楽しめていた時を懐かしく感じることも。

それでも、激しい競争の中で切磋琢磨しながら猛烈に頑張る若者の

熱気やピリピリひりつく空気が嫌いではない。

むしろ尊敬しているしサランへ。

たまにものすごく疲れるけれど。

だからこそ、韓国の人々が「小確幸」を求める気持ちが

よぉくわかるようになった。

毎日神経を削って生きていれば些細な幸せが欲しくなる。

余裕のある心や暮らしを求めるというものだろう。

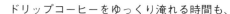

家で植物を育てることも、

ドリップコーヒーをゆっくり淹れる時間も、

カフェで読書をしたり、おいしいものを食べたり、

友達とおしゃべりしたりする時間が人生にどれほど必要なのか。

小さな幸せを感じることのできる心の余裕こそ

大切なんだと実感した。

そんな「小確幸」を感じることのできる、暮らすように韓国時間を

過ごすことのできる、とっておきの場所を紹介します。

CONTENTS

CONTENTS

CHAPTER 2

P114

小確幸を感じる
暮らしに溶け込む
過ごし方

▶ LOCAL SNACKS
ローカル軽食

注意事項／韓国のお店は入れ替わりが激しいため、閉店や移転、営業時間の変更などが本当に多いです。紹介した店の住所が変わってる、なくなってるなどあるかもしれないので、お店の公式インスタグラムがある場合は訪問前にチェックされるのとをものすごく推奨します！

CHAPTER 3

P147

ソウルから足をのばして

▶ OUTING FROM SEOUL
仁川・江原

COLUMN

ソウルエリアマップ

SEOUL AREA MAP

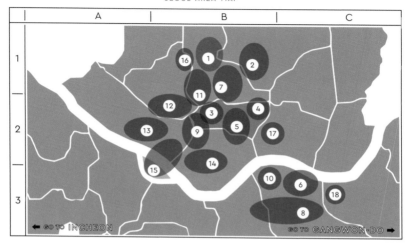

AREA NUMBER

① 三清洞・ソウル北部	⑦ 仁寺洞・鍾路	⑬ 弘大・合井
② 大学路・城北洞	⑧ 江南駅・三成(COEX)	⑭ 梨泰院・龍山
③ 明洞	⑨ 南大門・ソウル駅	⑮ 汝矣島・永登浦・麻浦
④ 東大門	⑩ 新沙洞・カロスキル	⑯ 西村
⑤ 乙支路・忠武路・南山	⑪ 市庁・光化門	⑰ 聖水・ソウルの森
⑥ 狎鴎亭・清潭洞	⑫ 新村・梨大	⑱ 蚕室

●1ウォン=0.1円で換算しています。●店舗紹介ページでは、住所、電話番号、営業時間など記載していますが、韓国のお店は営業時間など変更されることが多いので、渡韓前にお店の最新情報を調べることをおすすめします。また、旧正月・秋夕の当日や連休は休むお店がほとんど。毎年日程が変わるのでこちらもチェックを。●店舗にアクセスしやすいよう地図のQRコードを掲載しています。色々な機種のスマートフォンで読み込み検証をしていますが、機種によっては読み込めないものもある旨、ご了承ください。●移動時間は大人の平均徒歩で計算しています。出退勤時間、週末は道が混みます。●韓国語の読みは、本書の表記で統一しています。

ソウルでの移動手段、なにつかう？

韓国は交通費が日本よりも安くタクシーも気軽に使えるお値段。
ソウルはコンパクトだと言われていますが「この距離ならすぐ着くだろう」と思っていたら、意外と時間がかかったなんてのは韓国あるある。ソウルって移動に時間がかかるし広いと思うんですよね。だから時間の確実性を求めるなら地下鉄、公共交通機関より楽で速い距離間ならタクシー、でも基本はバス。韓国のバスは運転が荒くワイルドスピードなので、乗車したら出来るだけ着席を！できない場合は手すりにしっかり捕まって。私はこのせっかちなスピード感が大好きですが、荷物が多い時や不安な人は避けた方がいいかも。

交通アプリは次ページへGO!

ソウル旅、これだけは言わせて！

私的渡韓必須用具

1 SIM or Wi-Fi

ソウル市内はフリー Wi-Fi がつながるスポットもあるけれど、どこでも繋がるわけではないし、移動中こそネットが繋がっていないと不便（カフェはほぼ Wi-Fi あり）。私のスマホは SIM フリーなので、いつも「Korea info」で SIM をレンタルしています。「GLOBAL WiFi」などのレンタル型のポケット Wi-Fi も、空港で受け取ることができて便利です。

2 デビットカード

韓国はキャッシュレス化が進んでいるのでどの店でもほぼカードが使えます。荷物はコンパクトにしたいから断然カード派。デビットなら口座にあるだけしか使えないから安心です。レートが良い時に買い物をするとお得感もあります。またカードの裏に「PLUS」マークがあれば「GLOBAL ATM」でウォンで引き出しも可能。手数料は300〜700円程。※韓国のタクシーはデビットカードを使えないことが多く、クレジットカードは使えます。

3 T-money

交通カード。韓国国内の地下鉄、バス、タクシー、これがあればケンチャナヨ。空港やコンビニで販売しています。チャージは地下鉄の駅やコンビニででき、現金のみ。私は COEX の SM TOWN で買った EXO のカードを使っています（ニヤリ）。

4 WOWPASS

旅行者向けのプリペイドのキャッシュレス決済システム。アプリと連携して残高確認できる、韓国にいながら日本円を使ってチャージできる、いざとなったらウォンを引き出せる、「T-money」という地下鉄のバスも一体化されている、という優れもの。韓国の空港や主要駅、ホテルなどにある無人両替機「WOW EXCHANGE」で入手可能。空港や駅、ホテルなどに設置されている端末機やスマホアプリから、日本語で操作ができます。

5 スマホとアプリ

正直、スマホがないと生きていけない（中毒）。事前に天気をチェックするのも写真を撮るのも全部スマホ。

エクスペディア
航空券とホテルの予約も管理もこれだけで。

コネスト韓国地図
コネスト地図（QR 使ってくださいね♡）オール日本語かつ細やかな表記で日本人にとってこれだけ便利な韓国の地図アプリが他にあるだろうか。いや、ない。

Subway Korea
韓国国内の地下鉄乗り換え案内。乗車時間や料金がわかって便利（日本語）。

kakao map
韓国を牛耳る（?）kakao。使い勝手がよくとても好き。オール韓国語（住所を英語入力すれば出ることもある）なのでハングルを読める人向け。

KAKAO T（カカオタクシー）
タクシー配車アプリ。目的地を入力すれば連れて行ってくれるので行き先の間違いを防げるし、タクシーの運転手さんに韓国語で伝える労力を省けます。ぼったくられるのでは？と心配な方には特におすすめ（現地決済可能）。

Papago
翻訳アプリ。画像のハングルまで読み込んで翻訳可能という出来杉くん。

緊急の時は… 観光通訳案内電話 **1330**

韓国の観光についてのお問い合わせに答えてくれるサービス。通話料のみ負担すれば世界中どこからでも24時間、日本語で利用できるので安心感があります。事前にアプリをダウンロードしておくと便利。

緊急電話
警察署 112 ／ 消防署 119 ／ 救急医療情報センター 1339

CHAPTER
1

ソウルのおいしいを
食べ尽くす

ソウルへの旅行が決まったら、何を食べたい？
サムギョプサル？カンジャンケジャン？トッポッキ？最近は日
本でも色々な韓国料理を食べることができるようになった
けれど、現地だからこそ楽しめる料理がまだまだたくさん！
分厚い豚肉サムギョプサルや冷たい風が顔を突き刺す極
寒の中で食べる、あつあつのチゲ。ソウルで食べる外
国料理だって美味しい。また、チーズタッカルビは現地
の人はそんなに食べないし、タッカンマリという名前を知ら
ない人も。そんな、実際現地に行ってみないとわからない
文化を知るのも旅の醍醐味。朝カフェやナイトアウトなど、
ソウルでの過ごし方もアテンド。また行きたくなる、また会
いたくなる魅力たっぷりのお店と人を紹介。

(SECTION　1)

朝ごはん・ブランチ

気分が上がる空間とおいしいパン

韓国カフェが好きすぎて月1、2回ソウルへ通っていた時、滞在時間をフル活用すべく朝早くから開いているカフェを探していたものの、チェーン店以外なっかなか...ない。2016年に聖水にOnionができた時は感動したものです。最近は以前より朝から営業しているカフェが増えてきてso happy。ここでは、朝から素敵なカフェに行って気分を上げたいときにおすすめの大好きなお店を集めました。

Say Oat
세이오트

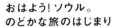

おはよう! ソウル。
のどかな旅のはじまり

　景福宮を中心に左側に位置する西村（ソチョン）は、伝統的な韓国の風景を残しながらもショップオーナーたちのセンスが光るセレクトショップや、こぢんまりとしたローカルなカフェも多い、現地大人女子たちから人気のエリアのひとつだ。天気の良い週末、ふらふらと散歩しているだけでも楽しい大好きな西村。毎日朝8時半からオープンしている「Say Oat」は、ほっこりとした雰囲気と西村らしい長閑な空気にまどろむ時間。

毎日違う豆で淹れてくれるデイリーコーヒー。サンドウィッチにスープ、グラノーラなど朝ごはんにぴったりなメニューばかり。

住所／ソウル特別市鍾路区紫霞門路10キル9-4
　（서울특별시 종로구 자하문로 10 길 9-4）
電話番号／+82-507-1336-8695
営業時間／8:30-20:00
instagram ／ @say.oat

ARTIST BAKERY

アティスト ベイ カリー

三清洞・ソウル北部

（ BREAKFAST BRANCH SOLO MEAL MEAT DISH HOT POT DISH FOREIGN CUISINE SPECIAL DAY DINING BAR NIGHT OUT LOCAL SNACKS LOCO LIFE HOTEL OUTING FROM SEOUL）

欧州気分を味わえるお店
至福のもっちもち塩パン

　朝8:00にオープンする ARITIST
BAKERY。韓国でベーグルブーム
を作り、流行の移り変わりの激しい
韓国において数年間継続して全店舗
行列ができる人気店に作り上げた、
ロンドンベーグルミュージアムの系
列店。CAFE LAYERED からはじ
まり、塩パンのベーカリーカフェ
ARITIST BAKERY まで手掛けたの
がディレクターである@
philosophy_ryo さん。ヨーロッ
パっぽい「映え」カフェはたくさん
あれど、RYO さんの手掛ける店は
別格！古い扉にペンキを塗ってリメ
イクしたり、床のタイルを貼ったり、
絵を描いたり…ディティールにまで
こだわりが詰まっているからこそ、
飽きのこない、リピートしたくなる
最上級の"かわいい"を魅せてく
れる。代表メニューである塩パンは、
思わず膝を打ってしまう美味しさ！
モッチモチの弾力と味わい深い生地
…テイクアウトして冷凍すればいい
し♡と、ひとりで食べ切れるわけも
ない量を買い込んでしまうのは常。
最近の韓国カフェ界は奇抜なデザー
トよりもシンプルに美味しいものが
人気なのです。

塩パンにしては高い！と韓国の友人たちは言うけれど、それでも連日ウェイティング（キオスクあり）。ちょっと高くてもまた食べたいと思わせられる美味しさ。美味しい食べ方が書かれたチラシもあるので要チェックや。

レモン塩パン（5,800ウォン）、トリュフ塩パン（4,900ウォン）、ポテトチーズ塩パンなどとにかく種類が豊富！私は特にアールグレイミルクジャム塩パン（6,800ウォン）がお気に入り。すぐに売り切れてしまうバゲットも人気。

住所／ソウル特別市鍾路区栗谷路45
（서울특별시 종로구 율곡로 45）
営業時間／8:00-20:00
定休日／年中無休
instagram／@artistbakery

godo meal

고도

旬の食材をたっぷり使った料理は、目にも嬉しい鮮やかさ。おなかも心も満腹になる日替わりプレートは、ひとり旅の一食にもぴったり。
体にぐんぐん栄養が入っていく気分。

心もからだもヘルシーになる食事を
いただきます

　2016年冬、はじめてひとりで韓国カフェ巡りをし
た時、週末のカフェは地獄だった。ひとりでお茶をし
ている人がほとんどいなかったからだ。周りを見渡せ
ばカップルだらけ。東京ではひとりごはんやひとりカ
フェは普通だったのに、知り合いも友達もいないソウ
ルでものすごく心寂しくて日本に帰りたい…と泣きそ
うになったことを昨日のことのように覚えている。近
年はひとりカフェをする人も増え、私も強心臓になり
すっかり気にならなくなったけれど、ここはむしろひ
とりで行きやすい4席ほどしかない小さな空間なが
ら居心地が良く、静か。栄養たっぷりのプレートと季
節のデザートが楽しみで早起きして足を伸ばしたくな
るお店だ。

住所／ソウル特別市麻浦区ワールドカップ路121-8
　（서울특별시 마포구 월드컵북로 121-8）
営業時間／08:00-15:00　（L.O14:00）
定休日／火・水曜日
instagram／@godo.official

sans meal

산스

ハッシュドポテトにホワイトソースがたっぷりかかった「ホワイトエッグベネディクト（14,500ウォン）」に果物がゴロゴロ入った「季節のエイド（7,000ウォン）」、他にもほうれん草のペンネなど見た目も可愛い、旬の野菜を使ったオリジナリティあふれる料理たち。

インテリアが可愛い♡
とっておきの1軒

延禧洞で雑貨のセレクトショップを営んでいる友人が、最近できたばかりなんだけど、インテリアの雰囲気も料理も、きっとサリーちゃん好きだと思うよと教えてくれたダイニングカフェ。ホンジェ川（홍제천）のすぐそばにあり、この辺りは落ち着いた良いカフェが多く、いつか住んでみたいと願っているエリアのひとつだ。パステルカラーの空間、差し色にピリッとレッド。Artekテーブル。シンプルなのに上品で軽やか、この絶妙な配色センスがさすが韓国クリエイティブ…。料理が美味しく、量も小ぶりなのでひとりまたは女同士でのランチにおすすめ。

住所／ソウル特別市西大門区弘延4キル33
　　　（서울특별시 서대문구 홍연4길 33）
営業時間／11:00-16:30（L.O15:30/Break time
16:30-17:30)17:30-21:30　（L.O20:30)
定休日／月・火曜日
instagram／@sans_meals

Calmild

카밀드

[BREAKFAST BRANCH SOLO MEAL MEAT DISH HOT POT DISH FOREIGN CUISINE SPECIAL DAY DINING BAR NIGHT OUT LOCAL SNACKS LOCO LIFE HOTEL OUTING FROM SEOUL]

ひとり旅のブランチにも

　ソウルの名門大学の一つ、西江大学からすぐ。西江大学の語学堂に通っていたので、留学生時代を思い出す懐かしい場所である「大興（テフン）」駅近く、2023年夏オープンしたブランチレストラン。賑やかな新村駅からほど近い場所にあるとは思えないほど静かで、ゆったりとした時間が流れる場所だ。ケーキデザイナーとして活躍していた代表と長年イタリアンレストランで修行していたシェフの二人が共同代表で営むお店。開放感たっぷりなテラスも木の温もりを感じる明るい店内も気持ち良い。空間の可愛らしさだけでなく、料理も本格的。クリームソースでアレンジしたボンゴレパスタにポタージュスープ、モーニングセット、何を食べてもおいしい。ペットフレンドリーなので、ご近所さんたちが連れてきている可愛いわんこたちを横目に眺めながら食事もできてしまうという、犬好きにはお得なポイントも。

天気が良い日はテラスでランチも気持ち良い。
ワンプレートでもボリュームたっぷり！

しゃくしゃくの紫キャベツと柔らかな照り焼きチキンの相性バッチリな BBQ サンドウィッチは、ひとつでもおなかいっぱいになるボリューム感。アメリカンソースをアレンジした BBQ ソースがパンと野菜とチキンと絡み合って美味！

住所／ソウル特別市麻浦区光成路 42-1
（서울특별시 마포구 광성로 42-1）
営業時間／ 11:00 - 21:00　（L.O20:30）
instagram ／ @calmild_home

SANDPEBBLES SEOUL

샌드페블스

韓国アーティストが
手掛けるワインバー

ローカルなマッチブが集まるエリア・クムホ。ここにビジュアルアーティスト SAKI さんが運営するワインバーがある。明るく柔らかなカラーと子ども心を思い出させてくれるような、可愛らしいデザインが大好き！韓国コスメ・AMUSE、ファッションブランド ROCK FISH とコラボするなど多様なシーンで活躍しているアーティストだ。ポップな愛らしさに溢れ、温かみのあるインテリアはまるで SAKI さんの作品のよう。ワインバーだが昼はブランチカフェのようにも使え、地元の人たちがのんびり食事をしながら会話を楽しんでいる。料理の美味しさだけでなく、可愛い器も空間にもワクワクする。韓国ではまだ少数派な、ひとりで食事をしている女性も。オールデイ、カジュアルに訪れることができるお店。

訪れた時期はクリスマスシーズン「Arabian food & wine -Aromatic winter holiday-」と題した、限定メニューに。料理はすべてヴィーガン。フムスや SHAKSHUKA など。グラスワインは 18,000 ウォン。

お店の奥には小さなギャラリーのように SAKI さん（instagram@saki_svn）の作品が展示されている。購入できるものもあり、食と
カルチャーどちらも楽しめる。

住所／ソウル特別市城東区金湖山キル 16,2F
　　　（서울특별시 성동구 금호산길 16 2 층）
営業時間／ 12:00-23:00(L.O.15:00/Break
time 16:00-18:00/L.O21:30)
定休日／月曜日・火曜日
instagram ／@sandpebbles_seoul

ummd

융드

狎鴎亭・清潭洞

（ BREAKFAST BRANCH　SOLO MEAL　MEAT DISH　HOT POT DISH　FOREIGN CUISINE　SPECIAL DAY　DINING BAR　NIGHT OUT　LOCAL SNACKS　LOCO LIFE　HOTEL　OUTING FROM SEOUL)

ヴィーガン料理も！
朝8時からオープンしている
ブランチカフェ

　7年半ぶりに韓国を訪れ、転がり落ちるように韓国カフェにハマった私は、2016年からだんだんとソウルを訪れる頻度が狭まっていっていた。それでもその頃は行く先行く先が知らない、初めていく街。目に映るすべてが光り輝いていて、中でも驚いたのが狎鴎亭エリアの小洒落た店には美男美女のスタッフさんが多いと言うこと。絶対何かでしたよね？という洗練された長身イケメンが普通に働いていて、「か、韓国ってす、すっげえ…」と震えたことを今でも鮮明に覚えている。そんなエリアに、2023年オープンしたばかりの「ummd」は朝8時から開いているブランチカフェ。11時頃から営業する飲食店が多い中、モーニングできるお店は貴重だ。ピンクやグリーン、木製家具のインテリア。美味しい食事とおしゃべりで自然と気持ちが上向きになるような場所。

食事したあと、ゆっくりコーヒーを飲んでいる大人多し。
オーストラリアに住んでいたオーナーが手掛ける本格ブランチカフェ。

シャクシャクの温野菜とピリ辛チキンのサラダ「Warm Green（25,500 ウォン）」－毎朝作っている生麺は軽い食感「Truffle Spaghettini（33,500 ウォン）」－甘辛ソースがたまらない炭火焼サムギョプサルと野菜がたっぷり詰まった「Wood Fire Sandwich（18,000 ウォン）」。

住所／ソウル特別市江南区島山大路 58 キル 18 （서울특별시 강남구 도산대로 58 길 18）
営業時間／ 8:00-16:30
instagram ／ @ummd.seoul

(BREAKFAST BRANCH . SOLO MEAL . MEAT DISH . HOT POT DISH . FOREIGN CUISINE . SPECIAL DAY . DINING BAR . NIGHT OUT . LOCAL SNACKS . LOCO LIFE . HOTEL . OUTING FROM SEOUL)

chickening ceremony
계업식

漢南洞で
ランチをするときはココ

　チキンカツレツほうれん草（17,000ウォン）、きのこクリームニョッキ（21,000ウォン）などなど。洋食を食べたい時、ひとりでふらっと訪れる。ホットプレイス・漢南洞、カフェは山のようにあるけれど、いざひとりで食事…となると迷ってしまうエリアなのだ。レモンイエローの外観がキュート。近所には日本でも人気の韓国ブランド「recto」「NOTHING WRITTEN」などがあるので、お買い物途中のランチにもおすすめ。

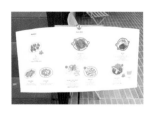

住所／ソウル特別市龍山区漢南大路42キル36
（서울특별시 용산구 한남대로 42 길 36）
営業時間／11:30 - 20:30 （Break time15:00 - 17:00）
定休日／木曜日
instagram ／ @gyeupsik

ガッツリ食べたい時に。
狎鴎亭ロデオにも2号店がオープンし、こちらはなんと年中無休！

（SECTION　2）

ひとりごはん

「혼밥＝ひとりごはん」も楽しもう

ホンバプ

韓国では"食事はみんなで"という意識が強く、焼肉も鍋物も基本注文は2人分以上から。ひとりでは食べ切れない量のメニューが多い。最近は和らいできたものの、ひとりごはん＝かわいそうな人認定されるカルチャーが残っている。がしかし、核家族化やドラマの影響もあり、ひとりごはんできる店が増加中！（嬉しい！）ひとり旅に心強いお店を集めてみました。

ainogarden

아이노가든키친

ひとり旅の強い味方。
カフェのような韓食食堂

　インテリアデザインスタジオ「MOMOMO」の代表とヴィンテージ家具ショップ ONE ORDINARY MANSION のインテリアを担当していたふたりがはじめた「ainogarden」。景福宮から少しだけ離れた住宅街にある一軒家を改装し、1階はプランツショップ、2階は食堂・カフェテリアとなっている。韓国邸宅の趣は残しながら、シンプルモダンな空間に昇華されている。木々の温もりを感じるナチュラルなインテリアはついつい長居したくなる居心地の良さだ。韓国カフェは基本コーヒーを飲む場所であり、食事が出来るお店は数少ない。しかもブランチカフェはあっても洋食だ。こんな風に素材にこだわったしっかり美味しい韓食をいただけるお店は、とっても貴重。そしてローカル民たちから愛されているところも推しポイント。

春秋は日差しをたっぷり浴びながら、テラスでお茶も良い。

こちらのティラミスは絶品！ピスタチオ風味がたまらない。ほろ苦さと爽やかな甘さの組み合わせ、チェゴでしかないのです。

チゲやポッサムなど、ガッツリごはん。夏に食べた（シーズンメニュー）ビビン麺の進化版、エゴマソースがジェノベーゼのようでとってもおいしかった！また食べたい一品。

https://www.instagram.com/momomo_studio/
https://www.instagram.com/oneordinarymansion/

住所／ソウル特別市鍾路区慶熙宮２キル
10,2F （서울특별시 종로구 경희궁２길10 2
층）
営業時間／11:00 - 21:00 （L.O.20:30）
instagram／@ainogarden_and_kitchen

タンサン

단상

三清洞・ソウル北部

(BREAKFAST BRANCH ‖ SOLO MEAL ‖ MEAT DISH ‖ HOT POT DISH ‖ FOREIGN CUISINE ‖ SPECIAL DAY ‖ DINING BAR ‖ NIGHT OUT ‖ LOCAL SNACKS ‖ LOCO LIFE ‖ HOTEL ‖ OUTING FROM SEOUL)

洗練されたモダンな韓食堂で優雅なランチ

　地下鉄3号線・安国駅3番出口から徒歩3分。世界中から観光客が訪れる景福宮エリアの賑わいを横目に、路地裏にひっそりと佇むお店です。韓国の伝統家屋に北欧スタイルの家具を配置した、洗練されたモダンな空間が素敵。広々としたカウンター席もあり、気兼ねなくひとりごはんもできます。野菜たっぷりのサラダ感覚でいただけるユッケビビン麺もおいしいけれど、ちょっと奮発して元気を出したいときは、LAカルビ定食！甘辛い味付けの牛肉がおいしくて、定食についてくるおかずも全部おいしくて、幸せ。また、こちらで使われている器は釜山に工房のある「クキム工房(instagram@koo_kim_)」のもの。なめらかな手触りと美しいフォルム。飾りすぎない、韓国の現代的なミニマルデザインを感じられるもので、器も食事を盛り立ててくれます。

開放的なオープンキッチン。

LAカルビ定食(22,000ウォン)　／ユッケビビン麺定食(13,000ウォン)／ユッケ丼(麦飯)定食(13,000ウォン)

ここ最近若者を中心に牛肉人気が高まっている韓国。米国産牛肉を、部位別にコンセプトを変えて販売するのも流行っているそうで、LAカルビもそのうちのひとつ。

スタッフさんたちがとても優しくて気さくなので、気持ちよく食事できます。肩肘張る華やかさではなく、リラックスして気楽に、でも満足できる韓食を食べてほしいという想いでお店を立ち上げたのだそう。

クリーム色の壁と木製の窓枠が可愛い、レトロモダンな外観。

住所 ／ ソウル特別市鍾路区北村路2キル11 （서울특별시 종로구 북촌로2길 11）
電話番号 ／ +82-2-741-8333
営業時間 ／ 11:00 - 22:00(Break time 14:30~17:30, L.O.21:00)
定休日 ／ 日曜日
instagram ／ @dansangkr

(SHOP NUMBER 11)

ケバン食堂 聖水店
（シクタン）

게방식당 성수점

人気カンジャンケジャン店が聖水にも！

日本の友人たちが来ると必ず食べたいとオーダーがあるのがカンジャンケジャン（ワタリガニの醤油漬け）。実は韓国ではほとんど食べないので、日本からお客様が来た時だけ食べる料理だ。そんな日本の人たちからも人気なミシュランも獲得したカンジャンケジャンの有名店が、ホットスポット・聖水に登場！聖水は広さの割にひとりで食事できるところがあまりないので、嬉しい限り。韓国産のワタリガニにこだわり、常に卵たっぷり、身もぎっしり詰まった最高品質のカニを使っている。ワタリガニ、エビ、アワビそれぞれに合わせた特製漬汁も美味しさの秘密。そのまま身を食べるだけでなく、醤油ダレが残っている甲羅にごはんを入れて、カニ味噌ごはんとしていただくのも忘れずに！韓国海苔・カムテ（あおさのような味）に包んでいただくと、磯の香りがふんわり。

カンジャンケジャンは時価（大体 40,000 ウォンほど）。セットについてくるバンチャンも全部美味しい。味付けカニ卵ビビンバ（21,000 ウォン）やプリップリの海老アヒージョなど、メニュー豊富なところも選べる嬉しさ。

女性ひとりでも入りやすい小洒落たインテリア。個室もあるので4〜6人で訪れるときは、貸切空間でゆっくりと食事も楽しめる。

住所／ソウル特別市城東区峨嵯山路 126,
B1F
　（서울특별시 성동구 아차산로 126 지하 1층）
電話番号　+82-10-9834-1103
営業時間／ 11：30 〜 21：00（ブレイクタ
イム 15：00 〜 17：30）
定休日　月曜、旧正月・秋夕（チュソク）
の連休
instagram ／ @gebangsikdang.official

オンスバン 駅三店

온수반 역삼점

江南駅・三成（COEX）

（ BREAKFAST BRUNCH　SOLO MEAL　MEAT DISH　HOT POT DISH　FOREIGN CUISINE　SPECIAL DAY　DINING BAR　NIGHT OUT　LOCAL SNACKS　LOCO LIFE　HOTEL　OUTING FROM SEOUL ）

淡白なスープが染みる
やさしい温麺

　韓国にいるとものすごくよく聞く「ウリ（私たち）」と言う単語。ウリナラ、ウリチプ（直訳すると私たちの家／友人が自分の家のことをこう呼ぶ）など、コミュニティ社会である韓国の本質が垣間見えてくる単語だと常々思っている。旅行できていた時も、仲の良い韓国人の友達ができても、留学生として住むようになってもいつもどこかで自分は外様なんだと感じていた。韓国社会に馴染んでいるようで、結局のところ「ウリ」の中には入ることができていないと思っていたけれど、韓国で就職をして初めて「ウリ」の一員になれた気がした。韓国の会社はひとりごはんは「可哀想」と思われてしまうため、だいたいグループで行くので、ひとりでご飯を食べることが滅多にない。ごくたまにできる、ひとりランチで行くお店。清潔感ある店内は女性ひとりでも入りやすいく、あたたかくてホッとする淡白なスープに心休まる。さっぱりとした麺料理は疲れている時にも染みるやさしい一杯。

チェーン店なのでソウル市内の至る所にあり。駅三〜宣陵はビジネスエリアなので客層はサラリーマンがメイン。そのため土日祝はおやすみ。

住所／ソウル特別市江南区彦州路 98 キル 5-3
　（서울특별시 강남구 언주로 98 길 5-3）
電話番号／+82-70-4090-1013
営業時間／11:00 - 22:00(Break time 15:00 -
17:00 / L.O.21:00)
定休日／土・日曜日
instagram ／@onsuban_yeoksam

ウリチプマンドゥ 宣陵本店

우리집만두 선릉본점

平日訪れるとほぼウェイティングありな、マンドゥマッチプ（美食店）として人気のお店。キムチマンドゥ（10,000 ウォン）／マンドゥクッ（スープ）（12,000ウォン）。

ひとりごはんにぴったり！
ほこほこ温まるマンドゥスープ

　冬の夜、街中でマンドゥチプから湧き出るもくもくとした白い湯気を見るたびに幸せな気持ちになる。しびれるような寒いソウルで食べる鍋やマンドゥは至福だ。韓国で暮らし始めてからというもの 1 番食べていると言っても過言ではないのがマンドゥ（餃子）。ラーメンに入れてもよし焼いて食べてもよし、夜食として食べすぎて会社ではマンドゥガールと呼ばれるほど。そんな私のお気に入りは、ひとりでもサクッと入れるローカル店。手作りマンドゥは皮もちもち、具はたっぷり。温かいスープと一緒に召し上がれ。

住所／ソウル特別市江南区宣陵路 424
　（서울특별시 강남구 선릉로 424）
電話番号　+82-2-556-3903
営業時間／ 11:00 - 21:00　（Break time 15:30 - 17:00 / L.O.20:10

三清洞スジェビ

삼청동수제비

三清洞・ソウル北部

❋

(BREAKFAST BRANCH SOLO MEAL MEAT DISH HOT POT DISH FOREIGN CUISINE SPECIAL DAY DINING BAR NIGHT OUT LOCAL SNACKS LOCO LIFE HOTEL OUTING FROM SEOUL)

韓国人の友人は絶対知っていると言っても過言ではないほど、有名店。週末は混み合うことが多いので、ピークタイムは避けていく方がいいかもしれません。スジェビ（9,000ウォン）。

プチプラでミシュランの味を楽しむ

　景福宮エリアにある、1985年創業のスジェビ（すいとん）専門店。ミシュランガイド2019に掲載されたと聞いた時は、すいとんでミシュラン…すいとん!?!? とキャパオーバーになりましたが、すいとんに失礼でした。スタッフアジュンマたちがせっせとタネを作ってくれていると聞いただけで、ありがたみが増すというもの。スジェビは見た目よりも塩がしっかりきいていて、コクもあっておいしいのです。ツルッといただけて、食べていると体がほこほこ。普通の食堂なので気負いなくひとりでふらっと入って、おいしくあたたまったら三清洞散策。最寄り駅は地下鉄3号線・安国駅または景福宮駅ですが、どちらも歩くと20〜25分ほど。気候の良い季節なら散策しながら歩くのがおすすめですが、暑い＆寒い時はタクシーに乗った方が楽です。

最寄り駅までの道中、お店から徒歩5分ほどのところに「1／2 ROUND CAFE」、駅に近づくと「yyyyynnn」「ALMOST HOME CAFE」と素敵なカフェもあるので、食後のカフェタイムにどうぞ。

住所 ／ ソウル特別市鍾路区三清路 101-1
　　　（서울특별시 종로구 삼청로 101-1）
電話番号 ／ +82-2-735-2965
営業時間 ／ 11:00-21:00 （L.O.20:00）
定休日 ／ 年中無休

スジェビと麦飯の世界

수제비와 보리밥세상

ミョンテチョリム・中（명태조림）（44,000 ウォン）、スジェビ麦飯（10,000 ウォン）。量が多いのでお気をつけを。

韓国会社員が集う超ローカル店

　2001年梨花で開業し2009年大学路に移転。おいしいスジェビのお店があるよと会社の同僚が連れて行ってくれた、昔ながらの韓国の食堂。平日の昼間に訪れると地元の会社員で賑わっているので、ピークタイムをずらしちょっとだけ早めに訪れるのがおすすめ。

ひとりで訪れるときはスジェビ麦飯を。ナムルたっぷり、コチュジャンを加えてビビンバプにしていただきます。もし複数人で行くのであれば、ピリ辛の魚の煮付け・ミョンテチョリム（명태조림）にコシのある麺を入れて食べるのがおすすめ！ 麦飯に 3 〜 4 人でシェアして食べるとちょうど良いです。体にいいことをしている気持ちになれる、THE 韓国食堂。

住所　ソウル特別市鍾路区大学路 5 キル 12
　　　（서울특별시 종로구 대학로 5 길 12）
電話番号／ +82-2-741-7599
営業時間／ 11:00 - 20:00 （Break time 14:00 - 17:00）
定休日／土・日曜日・1 ／ 1

大学路・城北洞

（BREAKFAST BRANCH　SOLO MEAL　MEAT DISH　HOT POT DISH　FOREIGN CUISINE　SPECIAL DAY　DINING BAR　NIGHT OUT　LOCAL SNACKS　LOCO LIFE　HOTEL　OUTING FROM SEOUL）

本家葛冷麺

ボン　ガ　チル　ネン　ミョン

본가칡냉면

冷麺のお供と言えばマンドゥ！ マンドゥは一口サイズなので冷麺、マンドゥ、冷麺…と無限軽やかに食べれてしまう。

韓国の夏は冷麺がないと
始まらない終わらない

　年々暑さが増している韓国の夏。暑くて食欲がなくても、冷麺とビビン麺だけは別。甘いものは別腹的なそれ。1週間のうち水冷麺を3、ビビン麺4で食すなんてざらである。食べるほど味わい深さが増す、出しの効いたシャーベット状のスープがひんやりと体を涼やかにしてくれる。店名の通り、葛入り冷麺なので土茶色。しかもこちらのお店、ビビン麺を頼んでも水冷麺のユクス（スープ）をくれるのでスープが欲しくなったら足してもいい。秒速でツルツルっと完食できる冷麺。暑い夏を乗り気るための必須クールダウン料理。

水冷麺（9,000ウォン）、ムルマンドゥ（4,000ウォン）。

住所／ソウル特別市鍾路区大学路7キル9
　　　（서울특별시 종로구 대학로 7 길 9）
電話番号／+82-2-3672-3656
営業時間／11:00 - 20:00
定休日／日曜日

又来屋
ウ　レ　オ　ク

우래옥

1946年から続くプルコギの老舗店。北朝鮮出身のオーナーが、故郷に帰ることが出来ない人々のために作ったことからはじまったのだそう。

1946年創業!
淡白でまろやかな平壌冷麺

　数年前の夏、ソウルで大ブームとなった「平壌冷麺」。そのブームに乗り、行列のできる有名店に行ったものの、塩胡椒大好き族の私はあまりの味のなさに「!?!」（食べれば食べるほど味わい深くなりハマる人も多い）と衝撃を受けたのです。以来食していなかったのですが、こちらはさすが老舗のプルコギ・冷麺店。ダシがしっかりときいていておいしい!! 淡白でまろやかなスープは江原道産の韓牛100%。野菜など一切使用せずに韓牛だけを24時間煮込んだものなのだそう。蕎麦と薩摩芋のでんぷんを7:3の割合で調合している麺は、韓国の麺に比べると、もったりとしていて切れやすいです。韓国冷麺はキレのあるスピーディーな感じ、平壌冷麺はゆっくりのんびりとした感じでしょうか。最後までおいしくいただける一品。

平壌式冷麺（14,000ウォン）。
※日本語メニューあり。

住所　ソウル特別市中区昌慶宮路 62-29
　　　（서울특별시 중구 창경궁로 62-29）
電話番号／+82-2-2265-0151
営業時間／11:30-21:30　（L.O.21:00）
定休日／月曜日

(SHOP NUMBER 18)

トゥル

두부

このエリアは富裕層が多いので、値段設定が少し高めのマッチプ（おいしい店）が豊富。

K-POPキング！
EXOのD.O.が通う韓国家庭料理

　狎鴎亭ロデオ、島山大路を1本裏に入ったビルの5Fにある「トゥル」。俳優ドルとしても名高いEXOのD.O.が通っていると日本の某女性誌で読み、聖地巡礼気分で行ったのですが、料理がおいしくて通うように。一品の量は多いですが、麺やごはんものなら、ひとりでも食べやすいと思います。チュモッパプ（韓国風おにぎり）は特におすすめ！日本では食べられないような風味が美味い！エゴマの葉で包んで食べてもおいしいですよ〜！こちらはおかずまで全部おいしい。静かで落ち着いた空間なので、ゆっくりと食事ができます。写真付きの英語メニューがあるので、注文も簡単！

「ギャラリア百貨店」、日本未上陸の「10 Corso Como Seoul」、人気バーガーショップ「DOWN TOWNER」、韓国で1000店舗目となる「STARBUCKS COFFEE 清潭スター店」も徒歩圏内。

住所　ソウル特別市江南区宣陵路148キル28
　　　（서울특별시 강남구 선릉로 148 길 28）
電話番号　+82-2-3443-8834
営業時間／ 11:00 - 21:00
定休日　年中無休

イ　ル　ホ　シ　ク

一好食　SOUNDS漢南店

일호식 사운즈한남점

梨泰院・龍山

(BREAKFAST BRANCH　SOLO MEAL　MEAT DISH　HOT POT DISH　FOREIGN CUISINE　SPECIAL DAY　DINING BAR　NIGHT OUT　LOCAL SNACKS　LOCO LIFE　HOTEL　OUTING FROM SEOUL)

このエリアは独特の雰囲気があり、街を歩くソウルっ子もショップのスタッフさんたちもシティ感満載。感度が高い垢抜けた男女が多く、街行く人々を眺めているだけでも心が潤います…。近くには「Aussie hill」「33apartment」など、紹介できないほど素敵なカフェに溢れていて、住みたい!!

漢南でひとり韓定食

　多文化が入り混じった異国情緒溢れるエリア・漢南洞。カフェ密集地帯であり、梨泰院駅周辺より閑静でゆったりとした空気感も大好き。大使館通りに位置するこちらは、洗練された空間で韓食をいただける。このエリアはひとりで気ままにふらふらするのも楽しいけれど、しっかりごはんを食べたい時に駆け込むにもぴったり!韓国式ハンバーグ・トッカルビや牛丼、焼き魚など種類が豊富で野菜までおいしい! 食堂とは思えないスタイリッシュなインテリアで、カウンター席もあるのでひとり旅にも嬉しいのです。写真は「スパイシー豚肉石焼ごはん定食」。石焼でジュージューと煮立ったピリ辛スープは、ごはんにかけて食べても美味!はふはふなりながらおいしくいただきました。

定食はすべて (15,500 ウォン)。

住所　ソウル特別市龍山区大使館路 35
　　　（서울특별시 용산구 대사관로 35）
電話番号／+82-2-794-2648
営業時間　11:00 - 16:00 /18:00 - 22:00
定休日／不定休
instagram／@lhochic.hannam

(SHOP NUMBER 20)

ファミリー手打ちカルグクスポッサム

훼미리손칼국수보쌈

手打ち麺が人気！
聖水のローカルマッチプ

　周りに食いしん坊がたくさんいるので、韓国の先輩や友人たちから日々マッチプ情報を教えてもらっている。ここは聖水で働くデザイナーさんが連れて来てくれたお店で、開店前から並ぶ人たちがいるほど人気なのだという。手打ちカルグクスが有名で、ひとりでサクッとごはんもできる。やさしいスープにコシのある手打ち麺がおいしい…。数人で訪問する場合は、カルグクスのおともにヘムルジョン（海鮮チヂミ）とポッサムをシェアして、いろんな料理を召し上がれ。

カルグクス9,000ウォン、マンドゥクッ（スープ）10,000ウォン、海鮮チヂミ19,000ウォン、ボッサム定食15,000ウォン。

住所／ソウル特別市城東区往十里路134
（서울 성동구 왕십리로 134）
電話番号　+82-2-463-5036
営業時間／11:30 - 22:00

（SHOP NUMBER　21）

イ ク ソン
益善タックグクス

익선 닭국수

（MAP）

タックグクスで腹ごしらえして、洋装コスプレからの益善洞散策もおすすめ！

足つきの鶏がディープインパクト

　茹でた鶏半羽とうどんが合体した料理「タックグクス（8,000
ウォン）」。韓国に来てから知り、初めて見た時のインパクト
が強すぎて、ちょっと食べることを躊躇したほど（笑）。タッ
カンマリに似ていますが、もっと気楽にひとりでも食べられる
料理。平日昼時は近所のサラリーマンでいっぱいになるの
で、ランチタイムは外して行くほうがベター。柔らかな鶏肉も、
さっぱりとしたスープも、そしてうどんも入って一石二鳥感が
すごい。ふたりでシェアでもいいくらいのボリューム。もし複
数人で行く時は、海鮮チヂミもぜひ！すぐ近くには益善洞
韓屋村があるので、食後のブレイクタイムはふらふら散策し
ながらお茶するのも良いですよ。

ふたりでシェアでもいいくらいのボリューム。

住所／ソウル特別市鍾路区三一大路 32 キル 30
　〈서울특별시 종로구 삼일대로 32 길 30〉
電話番号　+82-2-765-3239
営業時間／ 10:30-22:00
定休日　不定休

朝鮮屋

조선옥

乙支路・忠武路・南山

（ BREAKFAST BRANCH ｜ SOLO MEAL ｜ MEAT DISH ｜ HOT POT DISH ｜ FOREIGN CUISINE ｜ SPECIAL DAY ｜ DINING BAR ｜ NIGHT OUT ｜ LOCAL SNACKS ｜ LOCO LIFE ｜ HOTEL ｜ OUTING FROM SEOUL ）

「日本人なの？韓国語上手ね〜可愛い可愛い」「野菜と一緒に食べるとおいしいわよ。たくさん食べなさい」とサンチュをサービスしてくれたり、「この青唐辛子は辛くないから大丈夫よ」とすすめてくれたり、始終母のように優しかったスタッフさん。お店の人たちがみんな優しくて実家感。

甘辛ダレがやみつき！
老舗焼肉店の味付けカルビ

　乙支路で1950年代から続くカルビ焼肉の老舗店。おすすめは甘辛い「ヤンニョムカルビ」。日本人が親しみを持ちやすい味で、柔らかくておいしい。韓牛なので少しお高いですが、お値段分の価値はあると思います。しかも焼かれた状態で出てくるので、煙の匂いがつかず嬉しい。お店の人がハサミでザクザク切り分けてくれるのでおまかせを。サンチュに包んで、野菜と一緒にもりもり食べましょう。キムチや桔梗、ナムルとあわせて食べても酸味がきいておいしい。オフィス街という場所柄、サラリーマンが多く、友人と行ったときは私たち以外ほぼ仕事帰りのアジョシ（おじさん）でした。自分たちも仕事後の一杯をしに来ているかのような錯覚に陥りそう。乙支路3街駅6番出口からすぐ。この通り沿いに、「ACE FOUR CLUB」（P104）もあります。

予算：ひとり40,000〜50,000ウォンほど。

住所／ソウル特別市中区乙支路 15 キル 6-5
　　　（서울특별시 중구 을지로 15 길 6-5）
電話番号／ +82-2-2266-0333
営業時間／ 12:00 - 21:30
定休日　第 2・4 日曜日

LE FREAK

리프리크

聖水・ソウルの森

(BREAKFAST BRANCH SOLO MEAL MEAT DISH HOT POT DISH FOREIGN CUISINE SPECIAL DAY DINING BAR NIGHT OUT LOCAL SNACKS LOCO LIFE HOTEL OUTING FROM SEOUL)

クラシカルなレストランで
チキンバーガーに
かぶりつく

　聖水駅近く、平日午前中でも待機時間が発生することで有名なお店。辛さが3段階から選べるシグネチャーバーガー（11,800ウォン）と、シーズンごとに変わるスペシャルバーガー（14,800ウォン）がメインメニュー。サクサク衣に柔らかチキン、シャキシャキキャベツにピクルス。ソースがまたおいしいんだよな…ハンバーガーを食べていると言うよりも、ナイフとフォークでいただきます。ひとりで完食できちゃうサイズ感もグッド。クラシカルなワインレッドのソファ席も可愛い。

カウンター席もあるのでひとりでも入りやすい。キッチンでハンバーガーを作るところを覗き見できるのも楽しい。「サウィ食堂（P.074）」のお隣。

入り口に設置されているキャッチテーブルで
ウェイティング登録可能(韓国の携帯電話番号
が必要)。

住所／ソウル特別市城東区練武場5キル
B103 (서울특별시 성동구 연무장 5 길 9-16
블루스톤타워 B103)
電話番号／+82-507-1376-0199
営業時間／11:30 - 21:00 (Break time
15:00 - 17:30/L.O.14:30, 20:30)
instagram／@le_freak_burger

rocka doodle 聖水店

라카두들 내쉬빌 핫치킨 성수점

聖水・ソウルの森

（BREAKFAST BRANCH　SOLO MEAL　MEAT DISH　HOT POT DISH　FOREIGN CUISINE　SPECIAL DAY　DINING BAR　NIGHT OUT　LOCAL SNACKS　LOCO LIFE　HOTEL　OUTING FROM SEOUL）

アーバンなハンバーガーは
ひとりごはんによし

　韓国ってハンバーガーショップ多い？と気づいたのは 2017 年頃。なんだか街の至る所でバーガーショップを見かけるのだ。しかしこれがひとり旅にはありがたかった！カフェ代を捻出するため、コンビニでラーメンを食べて一食済ませることも多かったが、ひとりでも入りやすい粉食でキムパブやラーメンばかり食べていても飽きてしまう。韓国料理以外の、ガッツリしたジャンクなもの…塩っけをください…（カフェ中毒者）でもひとりでも入りやすい店、少ない。しかしハンバーガーならひとりでサクッと食せる。時間もかからないし最高では？と訳で、韓国でハンバーガーを結構な割合で食べているのだ。こちらのバーガーはバンズはふんわり、生地の甘みとガツンとチキン。料理の決め手・ソースはもちろん旨い。

天井高く、明るくて開放感たっぷり！ 西海岸風インテリア。シグネチャーバーガーは「ザ・クラシック（11,800ウォン）」。

住所／ソウル特別市城東区聖水 1 路 4 キル
25 （서울특별시 성동구 성수일로 4 길 25 ）
電話番号／+82-507-1426-2352
instagram／@rocka_doodle

好族飯

ホ ジョク バン

호족반

(BREAKFAST BRANCH SOLO MEAL MEAT DISH HOT POT DISH FOREIGN CUISINE SPECIAL DAY DINING BAR NIGHT OUT LOCAL SNACKS LOCO LIFE HOTEL OUTING FROM SEOUL)

ユニークな韓食
フュージョン料理を食そう

　好族飯とは「素晴らしい民族のごはん（'훌륭한 민족의 밥상'）」と言う意味を含み、どこに出しても自慢できる料理を披露したいという想いが込められている。狎鴎亭ロデオでごはんを食べる時は、しょっちゅう足を運んでいるお店。サックザクなトリュフカムジャジョン（じゃがいもチヂミ）、えごま油の旨味が効いたさっぱりおそば。プチチゲやカルビコムタンなどひとりでもいただきやすい料理がたくさん。他店ではあまり見られない韓食フュージョン料理は、おもしろくて美味しい。たくさんの友人を連れて行ったことも、ひとりでがっついたこともある、多様なシーンで活躍してくれる一店。

可愛い、レトロなインテリアデザイン。週末は特に混み合うので、ちょっと早めの時間に訪れることを推奨。

住所／ソウル特別市江南区彦州路 164 キル 39
　　　（서울특별시 강남구 언주로 164 길 39）
電話番号／+82-70-8899-3696
営業時間／12:00 ～ 22:00（ブレイクタイム
16:00 ～ 18:00、ラストオーダー 15:30,21:00）
定休日　月曜日

新沙洞・カロスキル

（ BREAKFAST BRANCH SOLO MEAL MEAT DISH HOT POT DISH FOREIGN CUISINE SPECIAL DAY DINING BAR NIGHT OUT LOCAL SNACKS LOCO LIFE HOTEL OUTING FROM SEOUL ）

タルレヘジャン 新沙本店

달래해장 신사 본점

カロスキルエリアで
24時間営業の食堂

　コロナ以降、韓国の飲食店は全体的に営業時間が短縮されたような気がする（確証はなし）。それでも韓国旅行の場合、早朝便で到着するかもしれないし、深夜食事をしたい時もあるはず。そんな時、知っておくと安心なのが24時間営業の食堂！カロスキルエリアにあるため、江南エリアに宿泊している時には特に便利。辛ユッケジャンカルグクス・オルクンユッカル（얼큰육칼／10,000ウォン）や、辛いものが苦手な人にも優しい牛骨スープ・スンサルカドゥッタングク（순살가득탕국／10,000ウォン）、ピビンバなどおひとり用メニューが充実。ユッケジャンカルグクスの辛さを落としたい時は、お店の方に伝えれば、コチュを小皿に分けて提供してくれる。ニンニクたっぷり、ピリ辛で旨味の効いたグクスは食べていると体がポカポカしてくるよう。いつでもパワーチャージできる、韓国食堂だ。

お酒を飲んだ後、夜遊び後の料理・ヘジャンクッもあり。代表メニューはスユク。

ザクっふわビンデトック（13,000 ウォン）は大ボリュームで２枚ありけり。おいしいけれどおなかがぐっと膨れるので、ひとりの時はおなかの空き具合とぜひご相談を。

住所／ソウル特別市江南区狎鴎亭路２キル 46
　（서울특별시 강남구 압구정로 2 길 46 ）
電話番号／+82-507-1480-5969
営業時間／ 24 時間営業

(SECTION   3)

肉料理

いろんなお肉ガッツリいただきます

韓国で焼き肉といえば「豚」が鉄板! ブームを超え定番となった熟成豚のサムギョプサルや冷凍もの。
さっぱりといただけるモクサル。日本ではいただけない花サムギョプなど、種類豊富。リーズナブル
な大衆食堂からちょっと高級韓牛まで。本当においしかった!現地で人気のマッチブ大集合。

潜水橋チッ 聖水直営店
チャプスギョ

잠수교집 성수직영점

レトロスタイルな
冷凍サムギョプサル店

　決して自慢でもなんでもなく、仕事柄も性格柄も話題のマッチブやカフェはいち早く行きたい性分。カフェならプレオープンかオープンすぐ‼ なので私が訪れたあと推しが訪問していたことがたびたびある…。コロナ中に流行り今は定番人気となった冷凍サムギョプサルのマッチブとして人気なのが「潜水橋チッ聖水直営店」。卵焼き、キムチなどレトロスタイルなバンチャンの盛り合わせは出てきた瞬間テンションが上がる。酸味が飛ぶのでキムチは焼いて食べるのがマイお決まり。サムギョプサルにとき卵をつけるとちょっとまろやかでおいしい変化。価格もお手頃でひとり２万ウォンほどあればサムギョプサルにドリンクもいただける。今日は雑多な雰囲気の中、サムギョプサルを食べたい！そんな気分の時よく訪れるお店だ。

住所／ソウル特別市城東区峨嵯山路 137
　　　（서울특별시 성동구 아차산로 137）

電話番号／+82-507-1326-0434

営業時間／11:30 - 04:30
　　　　　（03:20 ラストオーダー）

定休日／1/1

私の最愛・NCTDREAMのヘチャンとジェミンが訪れていてなぜ私が行った時会えなかったのかと悔やんでも悔やみきれない。

乙支路・忠武路・南山

（BREAKFAST BRANCH　SOLO MEAL　MEAT DISH　HOT POT DISH　FOREIGN CUISINE　SPECIAL DAY　DINING BAR　NIGHT OUT　LOCAL SNACKS　LOCO LIFE　HOTEL　OUTING FROM SEOUL）

（SHOP NUMBER　28）

山清炭火ガーデン乙支路

산청숯불가든 을지로

待ち時間必須！
乙支路の路地裏にある
マッチプ

　昨年オープンするや否や、瞬く間に大人気となった炭火焼肉店。平日でもウェイティングなしには入ることができないほどの人気を維持している。ここは美食店として名高いコドシッのオーナーが手掛けているお店。マッチプを選ぶ時の理由のうちのひとつに、「このオーナーの店なら間違いない」「この人が進める店なら間違いない」というものがあるが、つまり、間違いなくおいしいのです。소개（ソゲ／紹介）文化が濃厚な韓国らしい一面だ。肉の勉強までしているオーナーが素材と鮮度にこだわった、厳選された肉を使用し、炭火焼でいただく焼肉は美味しくない、わけがない。きっと海原雄山も唸ってくれるはず。乙支路らしいレトロ感性たっぷりな空間がまた、韓国に来た！感を煽ってくれる。

代表メニューは「サムギョプサル従来式塩焼き／삼겹살 재래식 소금구이（500g）」58,000 ウォンと「韓牛生トゥンシム／한우생등심 1++（120g）」39000 ウォン。サムギョプサルはネギに肉の旨味を吸わせて柔らかくして一緒にどうぞ。最初は塩で、次はタレで。

厨房でグッツグツに煮えているチゲは必食！味わい深いスープがたまらない絶品。ユッケ、キムチ温グクス、締めのポックンパプまで。
何を食べても抜群に美味しい！

住所／ソウル特別市中区乙支路 114-6
　（서울특별시 중구 을지로 114-6 ）
電話番号／+82-2-2273-8188
営業時間／11:30 - 23:00　(L.O21:50)
instagram／@sancheongin

コドシッ 麻浦店
고도식 마포점

（ BREAKFAST BRANCH　SOLO MEAL　MEAT DISH　HOT POT DISH　FOREIGN CUISINE　SPECIAL DAY　DINING BAR　NIGHT OUT　LOCAL SNACKS　LOCO LIFE　HOTEL　OUTING FROM SEOUL ）

特注の石鍋で
BBQ スタイルの豚焼肉！

　日本から友達や家族が来たとき、おいしい豚焼肉が食べたい！とリクエストされたら1番に思い浮かぶ。実際、たくさんの友達を連れて行き、好評を受けてきた。韓国レトロなインテリアに、おいしい匂いが充満した空間。店主のこだわりがたっぷり詰まった美食店だ。肉厚なチェジュの熟成豚が特注の石鍋で焼かれるところを見ているだけでよだれもの。肉を大きくカットするのも美味しさの秘訣。特製醤油をつけて食べるスタイルは韓国では珍しいのだそう。醤油に浸ったネギをたっぷりつけて（NO 臭み）も、わさび、干し明太を砕いて混ぜた特性粉煮つけても、風味が増して最高。一度ここで大喧嘩になり悲しみと怒りで食事もままならず、零下14℃の中店を飛び出した思い出。以降、大好きな店では美味しく食事をしたいから絶対喧嘩しないと心に決めた。

ソウルの中でも「マッチプ」として名高いコドシッの2号店は、オフィス街・麻浦エリアに。仕事帰りの会社員も多い。1番人気の部位はアルドゥンシム（180g 18,000 ウォン／リブロース）。

韓牛チャドル（100g 19,000 ウォン）も韓牛ユッケ（100g 17,000 ウォン）もチゲも冷麺も何を食べてもこんなにおいしいなんてことが、あるだろうか？いや、あった。

住所／ソウル特別市麻浦区麻浦大路１キ ル 16
（서울특별시 마포구 마포대로 1 길 16 ）
電話番号／+82-2-6952-8684
営業時間／11:30 - 22:40 （BreakTime 14:00 - 16:00/L.O22:00）
instagram ／ @godosik92

(SHOP NUMBER 30)

ベ ク チェ ジョン ユッ チョム

百済精肉店

百済精肉店

チャドルパギ＋ユッケ＝
幸福方程式

　昔、韓国に移住する前からずっと憧れていたことのひとつに「ソウルで会社帰りに友人とふらっと食事に行く」ことがあった。あ〜疲れた今週もお疲れ様！とかなんとか言いながら、友達と一緒においしいものを食べる。今やただの日常になっているけど、こんな些細なことだって、夢が叶ったんだよな…とチャドルパギとユッケをサンチェに包みながら考えていた。チャドルパギとユッケ、肉に肉？と思う方もいるかもしれないが、コチュ（青唐辛子）がキリッと味を締めてくれて、まぁおいしい。いくらでももりもり食べることができてしまう。鍾路5街にあるローカルマッチプ「百済精肉店」、最近はSNSやYouTubeなどで紹介され観光客も増えているけれど、昼食時は現地のサラリーマンたちで賑わう店だ。ユッケビビンバブも代表メニューなので、ひとりランチにもおすすめしたい。

オーダーしたのはチャドルバン＋ユッケバン（52,000ウォン）。ユッケ（250g）（23,000ウォン）、ユッケビビンバブ（12,000ウォン）。

お肉、そしておいしいもの食べたい。そんな日に足が自然と向かうお店。韓国らしい雑多な雰囲気に飲まれながらおいしいごはん、
食事した後はちょっと元気になっている。

住所／ソウル特別市鍾路区鍾路 35 キル 34
　（서울특별시 종로구 종로 35 길 34）
電話番号／ +82-2-762-7491
営業時間／ 10:00 - 22:00　（Break time
15:00 - 17:00）
定休日／日曜日 ・ 1／1

クムデジ食堂
<small>シクタン</small>

금돼지식당

ジューシーな熟成豚は
やみつき！

　アジアを代表する韓国のダンス
ボーカルグループ「EXO」のメン
バー・スホとセフンも訪れた（尊い…）
ウェイティング必須の人気店！肉の
旨味を最大限に引き出す特注の鉄
板で焼かれる熟成豚は、肉厚で弾
力たっぷり！口に入れた途端弾ける
ような旨味が広がります。おいっ
しいいぃ…！イギリス産の塩につけ
てまずは一口。次は特製醤油にネギ
をのせて。コンロにかかったソース
は韓国式アンチョビ。チェジュ島の
イワシで作られており深みのあるお
いしさですが、少し癖があるので好
き嫌いは分かれるかも。脂身の少
ないムネ肉（モクサル）→サムギョ
プサルの順に食べるのがおすすめ！
テーブルに担当のスタッフさんがつ
き、甲斐甲斐しく肉を焼いてくれる
上においしい食べ方まできちんと説
明（ただし韓国語）してくれるので、
おまかせを。オープンテラスのよう
な雰囲気の最上階は予約制。芸能人・
VIP用として使われることが多いの
でもし入れたらラッキーです。

サムギョプサル（1人分170g）（16,000ウォン）
モクサル（1人分170g）（17,000ウォン）
トンデジキムチチゲ（8,000ウォン）

ハネ肉がついている部位はサムギョプサルの中でも一番高級。

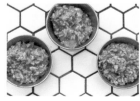

キムチチゲはお店の人に頼めばおかゆにしてくれ
ます。

ご購入ありがとうございました。ぜひご意見をお聞かせください。

■ **お買い上げいただいた本のタイトル**

ご購入日：　　　年　　月　　日　　書店名：

■ **本書をどうやってお知りになりましたか？**
　□ 書店で実物を見て
　□ 新聞・雑誌・ウェブサイト（媒体名　　　　　　　　　　　　　　　　）
　□ テレビ・ラジオ（番組名　　　　　　　　　　　　　　　　　　　　）
　□ その他（　　　　　　　　　　　　　　　　　　　　　　　　　　　）

■ **お買い求めの動機を教えてください（複数回答可）**
　□ タイトル　□ 著者　□ 帯　□ 装丁　□ テーマ　□ 内容　□ 広告・書評
　□ その他（　　　　　　　　　　　　　　　　　　　　　　　　　　　）

■ **本書へのご意見・ご感想をお聞かせください**

■ **よくご覧になる新聞、雑誌、ウェブサイト、テレビ、**
　よくお聞きになるラジオなどを教えてください

■ **ご興味をお持ちのテーマや人物などを教えてください**

ご記入ありがとうございました。

POST CARD

112 - 8790
127

東京都文京区千石 4-39-17

株式会社　産業編集センター

出版部　行

|||:|||:|||:||:||:|||:||:||:|||:||:||:||:||:||:||:||:||:||:||:|||

★この度はご購読をありがとうございました。
お預かりした個人情報は、今後の本作りの参考にさせていただきます。
お客様の個人情報は法律で定められている場合を除き、ご本人の同意を得ず第三者に提供する
ことはありません。また、個人情報管理の業務委託はいたしません。詳細につきましては、
「個人情報問合せ窓口」（TEL：03-5395-5311〈平日 10:00 ～ 17:00〉）にお問い合わせいただくか
「個人情報の取り扱いについて」（http://www.shc.co.jp/company/privacy/）をご確認ください。

※上記ご確認いただき、ご承諾いただける方は下記にご記入の上、ご送付ください。

株式会社 産業編集センター　個人情報保護管理者

ふりがな
氏　名

（男・女／　　　歳）

ご住所　〒

TEL：

E-mail：

新刊情報を DM・メールなどでご案内してもよろしいですか？	□可　□不可
ご感想を広告などに使用してもよろしいですか？	□実名で可　□匿名で可　□不可

店員さんがつきっきりでお世話してくれるので、一番おいしい状態で食べることができます。

豚の毛が金色なことから店名を「金豚食堂」とつけたのだそう。

インテリア、照明に凝ったモダンな内装。食器やグラスがおしゃれなのも人気の理由の一つ。

住所／ソウル特別市中区茶山路 149
　（서울특별시 중구 다산로 149）
電話番号／+82-10-4484-8750
営業時間／平日 12:00 - 25:00
　（Breaktime なし）　週末 12:00 -
24:00　（Breaktime15:00~16:00）

梨泰院・龍山

夢炭
モンタン
몽탄

（ BREAKFAST BRANCH　SOLO MEAL　MEAT DISH　HOT POT DISH　FOREIGN CUISINE　SPECIAL DAY　DINING BAR　NIGHT OUT　LOCAL SNACKS　LOCO LIFE　HOTEL　OUTING FROM SEOUL）

オープンランハジャ！
高級感たっぷり
骨つきカルビ

　ソウルの中でもローカルで人気の高いマッチブが集まっているエリア・三角地。中でも、オープンして数年経った今でも"オープンラン※"必須店なのが「夢炭」。藁焼きで柔らかくジューシーな骨付きカルビ・ウデカルビ（우대갈비／32,000ウォン）が代表メニュー。バンチャンで出てくる上品な酸味が絶品・キムチのシャーベットと味付けカルビを交互に食べれば、箸が止まらない。実はこのキムチシャーベットが好きすぎて、ボウルで思いっきり食べてみたいと思っている。いつもの焼肉よりも少し贅沢したい時、おいしいカルビを頬張りたい時に。

※オープンラン＝オープンと同時に入店すること。韓国ではウェイティング必須の人気店へ行く時は「オープンランハジャ！（しよう）」をよく使うのです。

住所／ソウル特別市龍山区白凡路 99 キル
50，1～2F （서울특별시 용산구 백범로 99
길 50）
電話番号／+82-507-1418-8592
営業時間／ 12:00 - 22:00 （L.O.21:00）

普通の焼肉店より大人でレトロラグジュアリーな雰囲気。ビールはもちろん、ハイボールとも相性良し。

延南ジェビ
ヨ ン ナ ム

연남제비

チェジュの黒豚・モクサル に舌鼓

　語学堂の授業で韓国では誕生日の人が友人や会社の同僚に食事をご馳走する。と習ったが、実際に生活していると誕生日だからとご馳走されることが多い（外国人だから？）。「延南洞でインセンモクサル（人生で一番おいしいと言う意味）を見つけたから連れて行きたい」と誕生日に後輩が連れてきてくれた。いやいや、大袈裟だな〜私結構舌肥えてると思うけど？……う、うまいやないかい‼お決まりの流れをこなしたものの本気マジ納得。チェジュの黒豚が絶対的においしいことはわかっていても、肉厚・ジューシー・旨味！おいっしい。ミョンイナムルに巻いて食べる食べる。ソメクが進む進む。肉はもちろんチゲ、ケランチム、全部美味しくて大満足。いつもお金がないと呟いているのに、誕生日だからとご馳走してくれた気持ちが嬉しくて、情を感じた時間。

チェジュ黒豚モクサル（2人分38,000ウォン）・ベクオギョプサル（2人分38,000ウォン）。おすすめは「麻薬カンジャンケランチム」。普通の茶碗蒸しではなく、ゼリーみたいにぷるんぷるん。モクサルと完璧なマッチを見せてくれた。

住所／ソウル特別市麻浦区ソンミ山路186　（서울특별시 마포구 성미산로 186）
電話番号／+82-2-6080-9808

ムセキムチサムギョプ 漢南店

무쇠김치삼겹 한남점

焼き豆腐があるサムギョプサル店は少なく、店員さんがパフォーマンスのようにささささっと大きなキムチと豆腐を
ジュージュー焼いてくれる姿を見ているだけで、おなかが鳴ってくる。

燃える金曜日は
サムソでしょ!

韓国人の友人から突然「今度サムソ（삼쏘）行こ
うよ!」と誘われ、え?なんのこと??思っていたら、
サムギョプサルと焼酎を一緒に食べることを「サムソ」
と言うのだそう。なんでも略す韓国語。ちなみに焼酎
（ソチュ）とビール（メクチュ）を混ぜたお酒のこと
はソメクと言い、韓国ではとてもポピュラーな飲み物
だ。日本にいるときは、あまりお酒を嗜んでこなかっ
たのに、韓国に来て、お酒の楽しさを知るように。な
ぜかわからないけれどお酒が強い人が多く、金曜日の
夜、予定がないと寂しいね…と同情の目で見られるこ
とが多いお国柄。週末の開放感とワイワイ賑わう人た
ち、おいしい肉とキムチ、お酒。週末食べるサムソは
格別においしいのは気のせいだろうか。

住所／ソウル特別市龍山区大使館路 31 キル 19
　（서울특별시 용산구 대사관로 31 길 19 ）
電話番号／+82-2-797-2488
営業時間／ 15:00 - 23:00

ムンギョン食堂 シクタン

문경식당

乙支路・忠武路・南山

(BREAKFAST BRANCH SOLO MEAL MEAT DISH HOT POT DISH FOREIGN CUISINE SPECIAL DAY DINING BAR NIGHT OUT LOCAL SNACKS LOCO LIFE HOTEL OUTING FROM SEOUL)

40年近く、乙支路で営業している老舗店。お店のアジュンマたちがテキパキと面倒を見てくれるのもありがたい。ハイポーク1等級サムギョプサル（冷凍）16000ウォン。

アジョシたちが集うdB大きめ 乙支路のサムギョプサル

「꼰대（コンデ）」と言う新造語がある。老害と言う意味で、古臭い考えを持つ上司や年配者のことを指す。私は韓国企業に30代後半で就職したので、部署移動する際「うちは若い人が多いからサリーさんがコンデになるんじゃないか心配」と言われ、常々若者中心社会だとは思っていたけれど、コンデを懸念される年齢なのか…と肩がずっしり重くなった。新部署の人たちも皆良い人たちで、楽しく仕事出来る環境だが、したり顔で説教なんて絶対しないようにしようと気をつけては、いる（笑）。韓国に来て、年齢を重ねることが怖くなった時期もあったけど、ここへ来るとおじさんだろうがおばさんだろうが、サムギョプサルをつまみにお酒を飲みながら大声で楽しそうに食事をしていて、楽しいことに年齢なんて関係ないよな。と再認識できるのだ。

住所／ソウル特別市中区乙支路18キル11 （서울특별시 중구 을지로 18 길 11）
営業時間／11:00 - 21:30 （Breaktime14:30 - 16:30）
定休日／日・月曜日・1/1

梨泰院・龍山

（BREAKFAST BRANCH SOLO MEAL MEAT DISH HOT POT DISH FOREIGN CUISINE SPECIAL DAY DINING BAR NIGHT OUT LOCAL SNACKS LOCO LIFE HOTEL OUTING FROM SEOUL）

（SHOP NUMBER 36）

鳳山家 本店
ボンサンチプ

봉산집 본점

貫禄たっぷり！
オモニが切り盛りする食堂

　ソウル駅からほど近い三角地エリ
ア。平日はサラリーマンで賑わう、
趣たっぷりな韓国の昔ながらの食堂
です。チャドルバギ（牛あばらの霜
降り肉である「ともばら肉」を指す韓
国語。脂が多く薄くスライスされた
状態で運ばれてくるのが一般的）を
食べるなら、もうここしか思い浮か
ばない！ というほどハマりました。
ネギと青唐辛子がたっぷり入った特
製タレとにかくおいしくて、いく
らでもいけそう。食べた翌日「あ、
また食べたい…」と思ってしまうほ
ど。さっぱりといただけるので、年
配の方にもおすすめです。ネギが嫌
いで普段はあまり食べませんが、ボ
ンサンチプは別！ ばっくんばっくん
食べています。ネギとコチュがなく
なったら、オモニが追加してくれま
すよ。

ごうんごうん唸るような釜で炭火を焼く姿が逞しい…。

締めはホルモンチゲ！ コクと深みのあるスープが胃に染み渡ります。チゲの中に
白ごはんを入れて食べても GOOD。

ネギと青唐辛子をたっぷり巻いていただきますっ! しゃくしゃくの歯ごたえと、辛さもくさみもないさっぱりダレで永遠のループ。

チャドルバギ1人分・130g（22,000ウォン）。6名以上で予約可能。座敷有り。

ローカルな雰囲気とレトロな店構えが味わい深い。平日でも18時前は空いていることが多いです。退勤時間以降は混み合います。

住所／ソウル特別市龍山区漢江大路62 ナキル24
　（서울특별시 용산구 한강대로 62 나길 24）
電話番号／+82-2-793-5022
営業時間／11:30-22:00
定休日／祝日

教大二階家 本店
キョ デ イ チュンチブ
教대이층집 본점

現地のサラリーマンが集う
ローカルな雰囲気

おいしい豚焼肉を食べたい時、つい足が向かってしまうお店。どの部位も本当においしいけれど、特におすすめなのは「花サムギョプサル」！丸い薄肉が焼けたらお好みでネギ、コチュジャン、ミョンイナムルを巻いてパクリ。キムチで巻いてもおいしいし様々な食べ方を楽しめます。その時々の"自分だけのベスト巻き"を考えるのもおもしろいですよ。

チェーン店なのでソウル市内に店舗はたくさんありますが、本店がやっぱり一番おいしいと感じるんですよね…（#韓国あるある）。現地人気が高いので平日夜でも人がいっぱい！夕食ジャストタイムを外した少し早めの時間に行くことをおすすめします。一等級の韓国産熟成豚は柔らかくて旨味たっぷりですよ！

焼肉の締めはやっぱりポックンパプ！目玉焼きつき♡

ネギやミョンイナムルなどお好みに巻いてパクリ！

おかずがずらりと並ぶと「これから食べるぞ〜！」と自然とテンションが上がります。

花サムギョプ（国内産160g）15,000ウォン。最初はお店の人が食べ方のお手本を見せてくれるので、よく見てみて。

サービスで海鮮鍋が付いてきます。ピリ辛でおいしい。

江南駅からほど近い 地下鉄2・3号線「教大入口駅」からすぐ。

住所／ソウル特別市瑞草区瑞草大路 50 キル 24
（서울특별시 서초구 서초대로 50 길 24）
電話番号／+82-2-525-6692
営業時間／ 11:00-00:30
定休日／祝日当日

大都食堂 往十里 本店

デ ト シクタン ワンシム リ
대도식당 왕십리본점

お店のアジュンマが、見惚れるほどの高速手捌きでポックンパブを作ってくれる。米粒ひとつひとつが輝いて食べるのが勿体無い美しさ…。

ごちそう韓牛を食べたい時はここ！

　韓国のグルメな先輩方が口を揃えて太鼓判を押す、老舗焼肉店。本館、別館とあり店内はかなり広く綺麗。ここへ来たなら「韓牛ロース」一択!全国から上位等級の韓牛だけを厳選し、冷凍はしないというとにかく肉の質にプライドを持っている老舗店なのだ。綺麗な韓牛が鉄板で焼かれている時、口に入れた時の多幸感がすごい。肉本来の強さと旨味がじゅわっと広がって原稿を書いていても、また食べたくなってしまっている…。塩でシンプルに、ネギキムチと一緒に風味を変えて。「今日はちょっといいお肉食べてスタミナつけようか?」という日に足を運ぶ、栄養補給基地。

住所／ソウル特別市 城東区 舞鶴路 12 キル 3
　（서울특별시 성동구 무학로 12 길 3 ）
電話番号／+82-2-2292-9772
営業時間／11:00 ～ 22:00 (ラストオーダー 21:00)
定休日／旧正月 ・ 秋夕 (チュソク) の当日

東仁洞
トンインドン

동인동

ニンニクが効いたピリ辛ダレは旨味たっぷり。ごはんがすすむ絶品です。東仁洞チムカルビ・トルメウンチムカルビ　1人分各19,000ウォン（約1,900円）

大邱の郷土料理「チムカルビ」を
カロスキルで堪能！

　大邱で食べた郷土料理「チムカルビ」。刻みニンニクたっぷりのピリ辛ヤンニョムタレであえた煮込み牛カルビが美味しくて、大好きに。大邱にはチムカルビ通りがあり、かつての韓国大統領が訪れた名店もあり）。そんなチムカルビの老舗店が、観光地・カロスキルにも！外国人ひとりでの来店ならチムカルビを1人分から注文できる（通常2人分から）という、ありがたいサービスもありけり。「辛いもので大丈夫？（メゥンゴケンチャナヨ？）」と聞かれたので「問題ないよ〜（ケンチャナヨ〜）！」とアップテンションで答えたものの、あとからヒリヒリとくる辛さ。でもカルビは柔らかく、ニンニクは効いているしで白いごはんがすすむおいしさ。辛いものが苦手な方は「トルメウンチムカルビ」がおすすめ。ひとりで食事していると店主が声をかけてくれる、アットホームなお店です。

私が行った時、たまたま韓国のテレビ番組がお店の取材をしていて、人気ぶりを垣間見ることができました。

住所／ソウル特別市 江南区 江南大路 156 キル14　（서울특별시 강남구 강남대로 156 길 14）
電話番号／+82-2-516-5765
営業時間／11:00-22:30　（BreakTime 15:00-17:00/L.O.22:00）
定休日／日曜、1月1日、旧正月・秋夕（チュソク）の連休

馬場畜産物市場

マ ジャンチュクサンムル シ ジャン

마장축산물시장

リーズナブルに
新鮮な韓牛を食べたい時！

　畜産業者が集まる馬場洞（マジャンドン）には、ソウルの焼肉店の多くが新鮮な肉を仕入れに来る。初めて訪れた時は、一体どうすればいいの？とてんやわんやしたものの、要は市場内にずらりと並ぶ肉屋から、コスパの良い、おいしい肉を探し、購入すればそれを２階の食堂「馬場コギマウル」に持ち込むだけ。想像以上に放置プレイなので、自分達で黙々と肉を焼くのみ。こんなに肉屋だけ並んでいる光景を見たことがなかったこと、韓国映画に出てくるようなちょっと不思議なアーケードだったことが印象的でおもしろい。購入した韓牛を早速焼いて食べると、まぁおいしいこと。韓国では豚肉を食べることが多いけれど、久しぶりに食べる牛は染みる美味しさ。一連の流れを体験することも愉快な上に、お店で食べるよりもぐっとお得ではないでしょうか。

肉を持ち込んだら、チゲやごはんなどのサイドメニューとドリンクをオーダー。韓牛大好きだわ。

人気の部位は「サルチサル（Chuck Flap Tail）」と「チマッサル（Thin Flank）」なのだそう。脂身が多い肉は苦手なので、チマッサルを注文。
お店のアジョシに2人前だと伝えると準備してくれます。韓牛・チマッサル（312g 56,160ウォン）。

住所／ソウル特別市城東区サルゴジキル
18　（서울특별시 성동구 살고지길 18）

HOT POT DISH

鍋料理

韓国の寒さが旨味のスパイス

冬のソウルは寒さとの戦い。綺麗なカシミヤのコートよりもペディン。いかに防寒するかが課題なまさに Dead or Alive。しかし極寒の中あつあつの鍋料理を食べる幸せときたら!もちろんいつ食べても食べたって美味しいけれど、韓国の寒さという調味料が加わって、さらに美味しい! と感じるのかも。

鶏林食堂 <small>（ケ）（リム）（シク）（タン）</small> 鍾路本店
계림식당 종로본점

私は韓国に通い出してタットリタンという料理があることを知りました。日本ではあまり見かけない、鶏肉をピリ辛のスープで煮込んだ韓国料理です。

鍾路で人気のタットリタン！

　現地のおいしいものは現地の人に聞けとはよく言ったもので、乙支路にオフィスのある雑誌「favorite magazine」の2人が教えてくれたお店。「この近くにあるタットリタンの店、すごくおいしいし人気だよ！」と聞き行ってみると、平日夜でもウェイティングが出来るほどの人気ぶり。30分ほど待ち入店できました。メニューはタットリタンのみなので、席に着くやいなや、すりおろしにんにくがたっぷり入ったタットリタンがドン！と出てきます。グツグツ煮立ってきたら、まずはスープを一口。待っている間に冷えた体を、ピリ辛スープがじんわりと温めてくれます。ホロホロになった鶏肉から出るダシとにんにくの旨味で、味に深みがあっておいしい！〆はもちろんカルグクスを。スタッフアジュマたちが猛々しく鍋を取り分けてくれることもあるので、白い服は着ていかない方が良いに一票。

ハングルの看板が並ぶこの雰囲気、ローカルな韓国感にグッときます。そしてこちら、お持ち帰りも可能です。注文するときに「ポジャンヘジュセヨ」と伝えてみてください。

住所／ソウル特別市鍾路区敦化門路 4 キル 39
　　　（서울특별시 종로구 돈화문로 4 길 39）
電話番号／ +82-2-2263-6658
営業時間／ 11:30-22:00（Break Time 15:30-16:30）
定休日／日曜日

三清洞・ソウル北部

（BREAKFAST BRUNCH　SOLO MEAL　MEAT DISH　HOT POT DISH　FOREIGN CUISINE　SPECIAL DAY　DINING BAR　NIGHT OUT　LOCAL SNACKS　LOCO LIFE　HOTEL　OUTING FROM SEOUL）

カントンマンドゥ

깡통만두

マンドゥチョンゴル 2-3 人分 (35,000 ウォン)・3-4 人分 (45,000 ウォン) ／カルマンドゥ (9,500 ウォン)

マンドゥ鍋でほふほふあたたまろう

狭い小道にぽつんと佇んでいるにも関わらず、平日のランチタイムは付近のサラリーマンや観光客でいっぱい！ウェイティングすることもざらな人気店です。清潔感のある食堂で、快活なアジュンマスタッフたちも気持ち良い。おすすめはもちろん看板メニューの「マンドゥチョンゴル(만두전골)」！

2人でも食べきれないことがあるほど、ボリュームたっぷり。爆弾のようなごろっとした大きなマンドゥは、脂身が少ないのでさっぱり。グツグツ煮立つ蜜柑色のスープを見ているだけで食欲をそそられる、魅惑の鍋です。ピリ辛スープのおいしさが沁み入る…さながら2PMのJun.k先生のような優しさも感じます。

ひとりごはんのときや、辛いものが苦手な人にはまろやかな「カルマンドゥ(うどん＋マンドゥ)」がおすすめ。

地下鉄 3 号線・安国駅近く。
「Cafe Layerd」と「Onion 安国」も近いですよ。

住所／ソウル特別市鍾路区北村路 2 キル 5-6
　（서울특별시 종로구 북촌로 2 길 5-6）
電話番号／+82-2-794-4243
営業時間／11:30-21:30
　（Breaktime15:30-17:00）土曜日は 20:00 まで *Breaktime もなし
定休日／日曜 ・ 秋夕

シングルボングルポゴ 鐘路店

싱글벙글복어 종로점

ひとり鍋したいときに嬉しい「フグチリ」（9,000 ウォン）も！フグが煮えているか不安な時は「イゴ モゴドドゥエヨ？（これ食べてもいいですか？）」と聞いてみてください。

ふぐ＋ソチュ（焼酎）で
ソウルの寒さを乗り切る！

　韓国に来たばかりの頃、お酒好きのソウルっ子においしい店があると連れて来てもらったフグ鍋。こちらでは、日本よりもリーズナブルな値段で一味違うフグ鍋をいただける。韓国の食堂や居酒屋でよく見かける、怒ってる？! と勘違いしてしまうほどの大音量で熱く話すおじさん（結果楽しそう）やサラリーマン、夫婦連れなど年配層が多く、鍾路らしさを感じる客層。「フグは煮えるのに時間がかかるから先に野菜を食べなさい」と、もやしとミナリ（セリ）をよそってくれるスタッフアジュンマ。フグから出る出汁が、淡白なのに旨味たっぷりでおいしい！日本のフグは身が柔らかくホロホロっとなるけれど韓国のフグは弾力があり、もっと強い食感。わさび醤油や特製ダレをつけてどうぞ。私はピリ辛の特製ダレをスープで溶いて食べるのがお気に入り。

フグ鍋（17,000 ウォン）・2 人分から注文可能）／フグ定食 A 1 人（30,000 ウォン）。サラダ、フグ皮和え物、天ぷら、メウタン or フグチリ、デザートのお得なセットも。

住所　　ソウル特別市鍾路区敦化門路 11 キル 30
　　　　（서울특별시 종로구 돈화문로 11 길 30）
電話番号／+82-2-743-0787
営業時間　11:00-22:00　（週末は 21:00 閉店）
定休日／不定休

サウィ食堂 <ruby>聖水店<rt>シクタン</rt></ruby>

사위식당 성수점

ナッコプセ（13,000 ウォン・1 人前）。代表メニューはサムギョプサル入り麻辣ナッコプセ（35,000 ウォン・中）。チャレンジしてみたいけれど、韓国の人が「辛い」と言うものは本気で辛いゆえ、未だ食べたことがない。

釜山名物を聖水で！
プリプリのタコとホルモン

　最近は地方に行かなくても、韓国のうまいものはすべてソウルで食べることができる。と言う言葉をよく聞くほど、人口※も美味しいものもソウルに集結している様子。ハップルである聖水に位置するナッコプセ専門店「サウィ食堂」。韓国・釜山発の料理で、テナガダコ（ナッチ）、ホルモン（コプチャン）、小エビ（セウ）の頭文字を取って命名。プリプリのタコ、コプチャン、ネギがピリ辛ダレでクツクツ煮られている姿は食べる前から食欲をそそられる…。ちょっと疲れた日、辛いもので元気を出したい時、聖水で買い物中ふらっと。たまに無性に食べたくなる、韓国料理のうちのひとつ。

※首都ソウルの人口は韓国全体の 18％を占める。

住所　ソウル特別市城東区練武場５キル
9-16,B1F B102 号　（서울특별시 성동구 연무장 5
길 9-16 지하 1 층 B102 호）
電話番号／+82-507-1428-0246
営業時間　11:00 - 22:00 （Break Time15:00 -
17:00 / L.O.14:00, 21:00 ）
instagram ／ @sawee. official

龍頭洞チュクミ通り

용두동쭈꾸미거리

チュクミ専門店はたくさんあるが、どこに入っても味はあまり変わらない（私調べ）。

翌日のことは気にしない！
愛しのチュクミ様

　地下鉄 1 号線・祭基洞（チェギドン）駅 6 番出口近く、龍頭洞チュクミ通りはチュクミ料理専門店が集まる。チュクミ好きなので注文する時は「덜 맵게 해주세요（トル　メッケ　ヘジュセヨ）辛さを控えめにしてください」と伝えることを、忘れない。これを「더 맵게 해주세요（ト　メッケヘジュセヨ）もっと辛くしてください」と伝えると、大変なことになるのでご注意。この通りのお店は、どこも結構辛い。辛さ控えめにしてください、と伝えても辛い。韓国の人の言う「辛い」を甘くみてはいけない…本気で辛いから。が翌日おなかがいたくなるほどだ。チュクミは大好物なのでよく食べるが、初めて訪れるお店はもしかして明日お腹が痛くなるかもしれない…その覚悟で食している（大袈裟）。ぷりっぷりの辛タコ炒めをエゴマの葉に包んで食べる瞬間は、至福だから。

住所　ソウル特別市東大門区舞鶴路 144
（서울특별시 동대문구 무학로 144）

ナムダルン本家タッカンマリ <small>ボン ガ</small> 聖水店

남다른본가닭한마리 성수점

「ナムダルンタッカンマリ」2人分（25,000ウォン）、タコとアワビは時価。お酢にタレ、コチュは自分好みの分量で。〆は絶対カルグクス。

タコの出汁がしみしみなスープは病みつきに

　日本人が好きで韓国人があまり食べないものの上位にある料理「タッカンマリ」。どのくらいかと言うと韓国の友人と一緒に食べに行ったことがない。そしてタッカンマリおいしいよね〜というと「え、意味がわからない」と言われてしまうほど。凍えるような寒い日、元気をつけたい日、ふいにあのスープを飲みたくなる。東大門のタッカンマリ通りが有名だけれど、並びたくないのであえて外すのが通と言うもの（誰）。こちらのタッカンマリはタコ（ナクチ）を追加できるところが特徴的。淡白ながらしっかりと鶏の出汁が放出されているスープにタコの旨味出汁が加わって、天国。このスープを毎日飲みたくて、ぜひ商品化してほしい…と切に願っている。

住所　ソウル特別市城東区峨嵯山路96
　　　（서울특별시 성동구 아차산로 96）
営業時間／11:00 - 22:30
定休日　日曜日

FOREIGN CUISINE

(SECTION 5)

外国料理

日本とは一味違う、おもしろさを。

街を歩いているとよく目に入ってくるのが外国料理の看板。中華料理やイタリアン、ベトナム、タイ、
アジア料理など、韓国で食べる外国料理は日本とは異なるメニューを味わえる楽しみもありけり。
韓国料理だけでなく、時には目先の変わった料理を食べたい人へ。

OSTERIA ORZO

オステリア オルゾ

(BREAKFAST/BRANCH SOLO MEAL MEAT DISH HOT POT DISH FOREIGN CUISINE SPECIAL DAY DINING BAR NIGHT OUT LOCAL SNACKS LOCO LIFE HOTEL OUTING FROM SEOUL)

全部食べたい！
おいしいイタリアン

キム・ホユンシェフが腕をふるう「OSTERIA ORZO」は、漢南洞の一角にひっそりと佇むイタリアンレストラン。テレビに出演するくらい有名なシェフだと聞いていたので、緊張していたもののカジュアルな雰囲気のオステリアでホッ。気取らないあたたかさのある雰囲気が好きです。「有名なシェフ（スターシェフ）は自分で料理を作らなくなることが多いけれど、キムシェフはちゃんと厨房に立って作っているんだよ」と食いしん坊友達。それだけでグッと信頼感が上がってしまいました。ウニのパスタも牛ミンチのパスタも、口元がほころぶおいしさ。何を食べても絶品なのです。ワインもいいし、お酒が飲めない人はペリエでスッキリあわせるのもいいですね。人気店のため電話予約をしていくのがベター。または平日早めの時間を狙ってみて。

ビーフカルパッチョ（28,000 ウォン）

ミシュラン2020獲得。木のぬくもりを感じるカジュアルなレストラン。

トリュフフレンチフライ。間違いないおいしさですよね。ネットフリックスを観ながら、家でもずっと食べていたい。サランへ。

スタッフさんが一口サイズにくるくると巻いてくれるビーフカルパッチョ。鮮やかな手さばき…そして口に入れた瞬間とろける牛。ルッコラとクルミのじゃくじゃくとした歯ごたえもよく、相性抜群なのでいくらでも食べることができる。いや、食べたい。

隣にはミスティック企画という芸能事務所があるので、謎に若者が集まっていることも（イベント？出待ち？）。芸能人や富裕層が住むエリアなのでマッチプ（美食店）が多いのだとか。

住所／ソウル特別市龍山区漢南大路20 キル47
（서울특별시 용산구 한남대로 20 길 47）
電話番号／+82-2-322-0801
営業時間／12:00-22:00
（BreakTime15:00-17:30）
定休日／不定休

風味豊かなウニパスタ（29,000 ウォン）。よく混ぜていただきます。

ATTA

아따

よく頑張った１日に。
カジュアルイタリアンで
乾杯

　BTS のメンバーも住んでいると言われている、ソウルでもトップクラスの高級アパート・ナインワン漢南のすぐ近く。店名は英語の"ATTABOY"から。「頑張った！」「よくやった！」など賞賛を意味するスラングで"That's boy"の激励の言葉がなまって"Attaboy"となったことが語源なのだとか。今日を、毎日を頑張っている人たちに、美味しい食事で労いたいという店主たちの心意気が伝わってくる、アットホームなカジュアルイタリアン。石窯で焼かれるピザは、プロボローネ、スカモルツァ、りんごコンフォート、バジル「Jambon」に「Charcoal Margherita」「Charcoal Truffle」の３種類（各 27,000 ウォン）。ざっくばらんに話ができる友人と一緒に、今日もおつかれさま〜！とお互いを労わりながら、おいしいものを食べたい時に来たくなる。

イタリアンレストラン・サルバトーレクオモで先輩後輩として勤務していたオ・ドンギュさん、シン・ジヨンさん、二人のシェフが共同代表として 2023 年春 ATTA をオープンした。

ディッシュやパスタ、いずれもワンプレートが小ぶりなので、ひとりでワイン片手に食事も良いかも。最愛ロースタリーコーヒー「MILESTONE COFEE ROASTERS 漢南店」もすぐ近く。

住所／ソウル特別市龍山区漢南大路 27 ガ
キル 8-3
　　　（서울특별시 용산구 한남대로 27 가길 8-3 ）
営業時間／12:00-15:00　(L.O.14:00)
/17:30-22:00　(L.O.20:30)
instagram／@atta.seoul

(SHOP NUMBER 49)

（MAP）

aff seoul

엘 서울

お気に入りは「Cereal shrimp 18,000 ウォン」。エビ、とうもろこし、バターの香ばしさが食欲をそそる。訪れるたびオーダーしている一品。

乙支路の古ビルにある
不思議なワインバー

　知らないと通り過ぎてしまうような、隠れ家店が多い乙支路。路地裏の古びたビル、4階へ上がると赤い光が見えてくる。4階はダーティな雰囲気、5階に上がるとパッと日差しが差し込むナチュラルな雰囲気に様変わりする。春夏はルーフトップでクラフトビールやワインを飲むのも良い。暑いのに、夏に外でゆるゆるとお酒を飲むのはなんであんなに気持ち良くなるのだろう。仏像や熱帯魚、特異なインテリアに、カラフルで見目も楽しいアジアンフュージョン料理。いろいろな驚きが詰まった隠れ家だ。

住所／ソウル特別市中区水標路 42-21 4F, 5F
　（서울특별시 중구 수표로 42-21 4층 , 5층 ）
営 業 時 間／ 17:30 - 23:50 ／ 金 ～ 日 17:00 -
23:50 （日曜日は 23:00 まで）
定休日／月曜日
instagram ／@aff_seoul

CHANG CHANG

창창

行きすがら、韓国ドラマに出てくるような昔ながらの建物やビラ（アパート）が立ち並ぶ。急坂が本当にすごいけれど、江南エリアでは見られないような昔ながらの韓国の風景を眺めながら、ふらふら散歩するのはおもしろい場所。

ソウルビューが最高！
ユニークな中華料理店

　ここへ歩いて行くときは山登り感覚で。東大門から急激な坂道を登り山頂へ着くと現れるのは、プチ中華街（？）。ソウルの街並みとＮソウルタワービューは圧巻。外観のインパクトと昔の香港映画に出てくるようなレトロな空間は、若者に大人気。週末はウェイティングになることも多い店だ。代表メニューでもある「牛肉麺」（17,000ウォン）は、まろやかな醤油ベースのスープにコシのあるツルツル麺が絡まって美味。ご飯はちょっと硬めなので焼飯よりも麺類がおすすめ。揚げ豆腐（14,000ウォン）は付け合わせのザーサイと一緒にいただくのが個人的に好き。

私が行った時、たまたま韓国のテレビ番組がお店の取材をしていて、人気ぶりを垣間見ることができました。

住所／ソウル特別市鍾路区昌信12キル37
　（서울특별시 종로구 창신 12 길 37）
営業時間／11:30-21:00　（BreakTIme15:00-17:00）
instagram／@changchang23446

徳厚先生 清潭店
トクフ　ソンセン

덕후선생 청담점

ラグジュアリー感ある空間は、女同士の集まりにもぴったり。ちなみに悠太とテヨンが頼んだメニューは忘れました（記憶喪失）。

NCTメンバーも来店！
モダン中華料理店

　私は純潔の PINK BLOOD ※なので推しグループが訪れた飲食店やカフェはついついチェックしてしまう。こちらは数年前から狎鴎亭ロデオで有名なモダンな中華料理店。なのだが、実は NCT のメンバー・テヨンと悠太が訪れていてお店でもある。代表メニューは北京ダック（予約必須）と弾力ある手打ち太麺が自慢の牛肉麺。炒飯と甘辛いスパイシーな醤油ソースが絶妙！ソチョンホンソオ（쇼총홍쇼어）はリピートメニュー。外はカリッ中はしっとり魚の天ぷらが入った上海地方料理だ。何を食べてもハズレなし。中国酒を嗜んでもよし、もちろんアルコールなしでも中国茶とともに食事を楽しめます。
※韓国４大事務所・K-POP の始祖 SM エンターテイメントのファンのこと。

住所／ソウル特別市江南区宣綾路 822 5F
　（서울특별시 강남구 선릉로 822 5F）
電話番号／+82-2-514-3663
営業時間／11:30 - 22:00 （BreakTlme14:30 -
17:00 / L.O. 20:30)
instagram／@generous_duckoo

ヨンギョ

延餃

연교

弘大・合井

（ BREAKFAST BRANCH　SOLO MEAL　MEAT DISH　HOT POT DISH　FOREIGN CUISINE　SPECIAL DAY　DINING BAR　NIGHT OUT　LOCAL SNACKS　LOCO LIFE　HOTEL　OUTING FROM SEOUL ）

小籠包6P (7,500ウォン)、チョンシッチキンカス (8,000ウォン)

安くておいしい中華料理を食べるなら！

　韓国で食べる中華料理は、ジャジャン麺やタンスユク（酢豚のこと）など日本にはない料理が味わえて大好き！特に、カフェエリアとして人気の延南洞から北の延禧洞にかけては、安くておいしい中華料理店の宝庫。韓国漢城華僑中高等学校があることから、中国人が多く住むリトルチャイナタウンとしても有名です。厚い生地に包まれた肉汁じゅわぁのマンドゥもおいしいし（旨味汁を逃さないで！）、カリカリに焼かれた香ばしい鶏皮と柔らかな身がそそるチョンシッチキンカス。どれもボリュームタップリで、おいしくて、安い！中国の家ってこんな感じなのかな？と妄想させる、庶民的な中国料理店です。カフェ巡り途中にしょっぱいものが食べたくなったときにも、サクッと入れる立地も良心的なお値段も最高なのです。

住所／ソウル特別市麻浦区延禧路１キル 65
　　（서울특별시 마포구 연희로1길 65）
電話番号／+82-2-333-4561
営業時間／11:30-24:00　（L.O.23:30）
定休日／水曜日

SPECIAL
DAY

(SECTION 6)

ハレノヒ

非日常を味わうスペシャルな1軒

大衆食堂、カジュアルなお店大好き。でも時にはちょっと奮発して敷居が高いと感じる店にトライ
してみるのも楽しい。仕事を頑張った時、お祝いごとがある時、落ち込んでいて元気を出したい時
「たまの贅沢」と自分を奮い立たせる意味も込めて。

羅宴 （ソウル新羅ホテル）

라연

乙支路・忠武路・南山

(BREAKFAST BRANCH SOLO MEAL MEAT DISH HOT POT DISH FOREIGN CUISINE SPECIAL DAY DINING BAR NIGHT OUT LOCAL SNACKS LOCO LIFE HOTEL OUTING FROM SEOUL)

料理を盛る器は、陶芸家のイ・ギジョ氏とラ・ギファン氏に発注し、すべて特別にあつらえたもの。美しい器は食事の楽しみを倍増させてくれます。

特別な日に行きたい。
格式高い韓国レストラン

「礼と格式を備えた、最高の韓国料理ダイニング」をコンセプトに、伝統の味を上品に表現した料理が人気。食材が持っている素材を最上まで引き出せるように研究したり、朝鮮時代の料理を昔の文献や資料から勉強したりと、日々弛まず努力を続け、メニューを開発しているのだそう。どの料理も素材からもう、素晴らしくおいしいのですよ。きちんとこの料理に見合う人間でいなければ…！と思わせられる、不思議な力が宿っていそう。両親の還暦祝いやお祝いごとがあるときにぴったりのまさに「ハレの日レストラン」。ちなみに個室ではお見合いも多いそう（気になる）。アジアのベストレストラン50にも選ばれ、2016年から4年連続でミシュラン三つ星を獲得している名店。

北京ダックのように具材を巻いていただく前菜。素材の味が重なるのが韓国らしい。

住所／ソウル特別市中区東湖路 249
　（서울특별시 중구 동호로 249 ）
電話番号／ +82-2-2230-3367
営業時間／ 12:00-22:00
　（BreakTime14:30-18:00/ L.O.14:00 ・ 21:30
定休日／年中無休

mingles

밍글스

木製の家具に洗練されたモダンなインテリア。飾り気はなくシンプルで窓からは美しい紅葉が。本当の贅沢を味わえる、ゆっくりとした時間の流れる落ち着いた空間です。

自然を感じながら一品一品を味わう

韓国を代表するスターシェフ・カン氏が率いるコンテンポラリー韓国料理レストラン。ミシュランソウル版2つ星獲得、アジアのベストレストラン50選出。敷居が高そうで躊躇していたものの、コーディネーターとして経験しておくべきでは？ということと果たしてひとりで食事を楽しめるのか?と気になり訪問。韓国産の食材にこだわり、旬の素材を活かした料理は一品一品が芸術品のように美しく、じっと眺めてしまうほど。そもそも素材が抜群に美味。きめ細やかなサービスをしてくれる優しいスタッフさんたちにも心解ける時間。ひとりでも快適に食事を堪能できますが家族や友人、恋人と一緒に訪れ「これ綺麗だね、はじめて食べた！」などと語りながらじっくり食事を味わいたいお店。季節ごとの料理を楽しめるコースはHPから予約可能 (280,000 ウォン～)。

住所 ソウル特別市江南区島山大路 67 キル 19
　　（서울특별시 강남구 도산대로 67 길 19）
電話番号 +82-2-515-7306
営業時間 12:00-22:30(Break time
15:00～18:00)
定休日 月曜日
instagram @mingles_restaurant

ヨントンミンムルチャンオ

永東鰻

영동민물장어

まさに「ハレ」を感じる逸品。切り分けられた鰻はネギと一緒にいただきます。

韓国でも鰻は人気！
まるっと一匹いただきます

　韓国でわざわざ鰻？と思われる方もいるかもしれ
ませんが、日本とは一味違うおいしさを楽しめる料
理。まず、樽にどっしりと入った鰻のお目見え。スタッ
フさんが目の前で鰻を焼いて切ってと、すべて切り
盛りしてくれるのです。最初は何もつけずに素材をそ
のまま味わい、次は、鰻の骨で作られた特製タレを
つけ、お好みで生しょうがも一緒にどうぞ。3段階目
からは、葉に巻いてわさびをつけて食べたり、白キム
チに巻いて食べたり、色々な味を楽しめる。韓国の
鰻はもちもちの弾力。脂っこさがなく淡白でおいしい！
ちょっと気分を上げたい時やお祝い事の時なんかに
足を運びたいお店。

あさりの入った冷麺はさっぱり優しいおいしさ。鰻を
食べるときは、甘いお酒・覆盆子（ボップンジャ）を
一緒に呑むのが韓国流。

住所　ソウル特別市江南区彦州路 148 キル 8
　　　（서울특별시 강남구 언주로 148 길 8）
電話番号　+82-2-3448-9991
営業時間　17:00 ～ 23:00
定休日　不定休

西村

ONJIUM
온지음

宝物のような時間。
韓国の格式高い伝統美を
感じる

　雑誌やネットを見ればあらゆる情報を知ることが出来る時代。韓国の伝統文化を継承する財団・ARUMJIGI が手掛けるミシュラン1つ星獲得の名店・ONJIUM も名店ゆえ、すでにさまざまな情報が溢れている。けれど「百聞は一見にしかず」。情報だけ見て知った気になって満足していては勿体無い。初めて ONJIUM で食事をしたとき、この時間が宝物、そんな気持ちになった。厨房で腕を振るうシェフたちも、美しき韓国作家の器に乗せられて出てくる、コース料理の一品一品もお酒とのペアリングも、すべてを目に、心に焼き付けたくなる、舞台を鑑賞しているかのような光り輝く優雅さだった。地元で採れた新鮮な食材を使用し、季節に合わせたメニューを提供しており、素材の良さを最大限活かし作られているので、食べ終わりたくない…このままずっと食べ続けていたいと惜しんでしまうほど。シェフ自らが野菜を採集することもあると聞いて、「リアル美味しんぼ…?」と漫画脳が出てしまったのは秘密。李氏朝鮮時代の味を再現した料理と現代的な美しさが交わる。伝統を古くさくせず、新しきを果敢に取り入れ現代的に昇華させるのは、韓国の得意とするところのようだ。

ARUMJIGI 財団は期間ごとに韓国文化体験プログラムも実施。昨年は伝統韓服体験クラスも。いわゆる観光用の韓服ではなく、本物の伝統韓服。華やかで上品な美しい色合いと息を呑むような配色センスは、昔から変わらないものだと心震えた。

景福宮に面したひっそりと静かな通りにある。予約困難な名店なので早めの予約必須（キャッチテーブルから予約可能）。料理日本語で

日韓の文化、アートにも精通しているお友達まさきさん（instagram@masaki_in_tonin）に連れてきていただいた。その道のプロが連れてきてくれるお店、信頼と感謝しかありませんよね。

ARUMJIGI
https://www.instagram.com/arumjigi/

住所／ソウル特別市 鐘路区 孝子路 49，4F　（서울특별시 종로구 효자로 49 4F ）
電話番号／+82-2-6952-0024
営業時間／12:00 ～ 22:00(ブレイクタイム 15:00 ～ 18:00) ※要事前予約
定休日／土～月曜、旧正月・秋夕 (チュソク)の連休

DINING BAR

(SECTION 7)

空間も魅力なダイニング

さすが韓国センス! 料理も雰囲気も満喫

コロナ中のワインバーブームを経て、小洒落たダイニングが増えている。空間ディレクションお手の
ものなお国柄。さすが! とうっとりする素敵な空間もたくさん。料理も雰囲気も楽しめる一石二鳥な
お店たち。

on 6.5
온 6.5

三清洞・ソウル北部

（BREAKFAST BRANCH / SOLO MEAL / MEAT DISH / HOT POT DISH / FOREIGN CUISINE / SPECIAL DAY / DINING BAR / NIGHT OUT / LOCAL SNACKS / LOCO LIFE / HOTEL / OUTING FROM SEOUL）

G-DRAGONも訪れた
韓食ダイニング

キムチが最高に美味しく熟される6.5℃から命名。キムチを美味しく、新しく斬新な料理で提供してくれる。キムチ天ぷらをオーダーすると、目の前でサワークリームをかけてくれるユニークなサービスも。白菜の中にトッカルビが入ったロールキャベツのような白菜キムチなど、え？と驚く見た目と新感覚な食を満喫できる。SNSを意識した奇を衒った飲食店はたくさんあるが、しっかりとした理念と味の良さで人気を誇っている。料理とお酒のペアリングを楽しんでもらうため、アルコールはボトル注文必須（ボトルは持ち帰り可能）。

海外からの観光客が多く訪れるため、なんとサイトから予約可能（日本語対応）。

住所／ソウル特別市鍾路区北村路1キル28, 地下1F（서울특별시 종로구 북촌로1길 28 지상1층）
電話番号／+82-10-4278-2024
営業時間／17:30-23:00（L.O.22:00）
instagram／@on6.5_seoul

弘大・合井

DOBU

도부

また訪れたくなる、
とっておきダイニング！

（ BREAKFAST BRANCH　SOLO MEAL　MEAT DISH　HOT POT DISH　FOREIGN CUISINE　SPECIAL DAY　DINING BAR　NIGHT OUT　LOCAL SNACKS　LOCO LIFE　HOTEL　OUTING FROM SEOUL ）

　春になると見事な桜並木に変身する延南洞のカフェ通り。ゆっくりお散歩しているだけで幸せな気持ちでいっぱいになる桜の季節は、用事がなくても行きたくなる。また中心地よりも奥へ行くほど落ち着いた雰囲気になるから好きだ。そんな静かな場所にある DOBU(到付) は、朝鮮時代「荷を運ぶ人（職業)」と言う意味を持つ。日頃積んでいる重い荷物を置いて、ほんのひととき、ここで過ごす時間だけでも、身軽に気楽な心で食事を楽しんでほしいという想いが込められている。韓食をベースに欧州料理のエッセンスを加えたオリジナルメニューは、アジアと欧州の良いとこどり。飽きのこないシンプルな味だからこそ、また食べたくなるのだ。韓国作家の器とともに食を目でも楽しめる。夜はお酒とのペアリングを味わえるアラカルト料理のみ。昼夜どちらも雰囲気抜群。

ランチはコースのみ（ひとり 30,000 ウォン)。カルパッチョ、油淋鶏（ユーリンチー)、〆のごはんは選択可能。代表メニューは鯛釜めし！ほっかほかのごはんをわしゃわしゃ混ぜていただきます。キムチと海苔で味に楽しい変化を。

オープンキッチンを囲むカウンター席のみ。よく手入れされた、清潔感溢れる台所道具を見ているだけでお店の気概を感じる。

住所／ソウル特別市麻浦区東橋路 51 キル 77-11 （서울특별시 마포구 동교로 51 길 77-11 ）
電話番号／＋82-507-1352-6286
営業時間／ 11:50-24:00
（BreakTIme15:00-17:00/ L.O.22:00）
定休日／月・火曜日
instagram ／@dobu.seoul

gnocchibar

뇨끼바

幻想的な空間を
楽しみたい時に

　韓国カフェ好きの間では伝説的カフェ「ブオク」のオーナー・ヘジョンさんが手がける、ニョッキ専門店。英国へ渡り料理を勉強し、韓国でフードデザイナーとしても活躍。彼女の生み出す独創的で美しい世界が大好きで、虜。いつもサプライズプレゼントを受け取っているような感動があるのですよ…。gnocchi は淡いコーラルオレンジの壁と壁画が印象的。ひとつの長テーブルで食事をする風景はまるで映画のよう。小皿がひとつひとつ違うデザインなところも、ヴィンテージの食器もとにかくどれも美しい。でも肩肘張るような緊張感はない、ゆったりとおしゃべりを楽しみながら食事ができる空間。「今は冬トリュフが香りが良くておいしいですよ」とすすめられ、この日はトリュフオイルのパスタをオーダー。アルデンテの麺と濃厚なオイルが絡みあう、思わずワインがすすむおいしさ。

※ブオクは休店中

壁のイラストといい、照明といい、長テーブルといい、どれをとってもアーティスティック！

月に数回、北村にあるイタリア料理店「イタリジェ」のチョン・イルチャンシェフが腕をふるうことも。ブオク時代から現在もオーナーのプロジェクトに携わっている著名なシェフです。

この日のサラダはタプナーゼ。モッツァレラチーズにオリーブオイル、ブラックペッパーがたっぷり。爽やかなロゼとよくあいます。

キャベツに塗装を施し作られている石像オブジェ。どうやればこんなことを
考えられるのか…野菜の限界点を超えた作品。

住所／ソウル特別市龍山区漢南大路 20 キ
ル 41-4　（서울특별시 용산구 한남대로 20
길 41-4）
電話番号／+82-2-6104-8300
営業時間／11:30-21:30
　（BreakTlme14:30-1730）
定休日／月曜日
instagram／@gnocchibar

(SHOP NUMBER 60)

dekad

데케드

カフェテリアとしても
ワインバーとしても
オールデイズOK

　景福宮周辺の西村の中心に位置する daked は、ドイツ語で「10 年 (dakede)」という意味を持ち、ヨーロッパ のカフェテリアにあるようなパンケーキ、ガレットなどのブランチと夜は旬の材料を使った様々なディッシュにパスタ、ステーキとワインを楽しめる。
シグネチャーのふわふわパンケーキは、ブランチタイムに行く時は必ず食べると決めている一皿！見目も美しく生地はふぅんわりおいしい。
親しい友人のバースデーを祝う時、日本からワイン好きの友人が来た時。ちょっとスペ シャルな時間を過ごしたい時、様々なシーンで活躍してくれる一軒。春から秋まではオープンテラスとなり、さらにヨーロピアンな雰囲気に。 清涼感あるシンプルな空間に、料理やお酒の説明を丁寧にしてくれる親切なスタッフさんたち。食事もワインもおしゃべりも、すべてが混ざり合い心地よい時間が生まれる。

インテリアを担当したのは、尊敬する空間デザイナーキム・ギソクさん（instagram@gg_giseok）。ギソクさんの「引き算の美学」を感じるスタイリッシュな空間がまた素敵。

（MAP）

Dekad Pancake (15,000 ウォン) ／パスタ (25,000 ウォン〜) ／ブレンクステーキ (38,000 ウォン) など。

住所／ソウル特別市鐘路区紫霞門路 7 キル 43　（서울특별시 종로구 자하문로 7 길 43 1 층 101 호 .102 호 ）
電話番号／+82-507-1350-5845
営業時間／11:30 - 23:00
　（BreakTIme15:00 - 17:00）
定休日／月曜日
instagram ／@dekad.kafeteria

聖水・ソウルの森

（BREAKFAST BRANCH　SOLO MEAL　MEAT DISH　HOT POT DISH　FOREIGN CUISINE　SPECIAL DAY　DINING BAR　NIGHT OUT　LOCAL SNACKS　LOCO LIFE　HOTEL　OUTING FROM SEOUL）

bar.tang

바탕

カムジャジョン（18,000 ウォン）、チェジュ式焼き豚・トムベクイ（돔베구이 28,000 ウォン）、カムテキムバブ（15,000 ウォン）。

半地下のダイニングバーでしっとり韓食

　ホットスポットエリアと言っても、少し離れれば静かなものだ。喧騒から離れ、ゆっくりと韓食と韓国酒を楽しみたい時、足を運びたくなる1軒。照明を落としたこぢんまりとした空間にはカップル客が多く、雰囲気良いダイニングバーだ。おすすめを尋ねれば、料理とのペアリングを考えながらおすすめのお酒を提案してくれる。凛とした佇まいの店主にもほっとする、なんだか落ち着く大人のためのお店。

住所／ソウル特別市城東区聖水1路3キル5-12 B1F　（서울특별시 성동구 성수일로 3 길 5-12 B1 층）
電話番号／+82-70-7543-4125
営業時間／17:30 - 24:00　（L.O.23:00）
定休日／月曜日
instagram／@bistro_bar.tang

レストラン予約アプリ
「CATCH TABLE」

韓国では飲食店、美容室、エステ、ネイルなど何をどこを予約するにも「NAVER」。NAVERとKAKAOがないと韓国生活を送ることは不可。不可能にも程がある。NAVERとKAKAOに牛耳られている…それは置いておいて、ここ1〜2年ほどでぐんぐん成長している予約サービスアプリが「CATCH TABLE（キャッチテーブル）」だ。

高級レストランや韓牛焼肉、ダイニング、イタリアン、フレンチ、中華、おまかせ（寿司）。比較的価格帯が高い大人向けのラインナップだと思っているが最近、本当に予約はキャッチテーブルで！という店が増えていて、お店のインスタグラムプロフィールから飛べるように設定されている。

いまだに待機時間がある大人気「LONDON BAGLE MUSEUM」、系列店の「ARTIST BAKERY」は入店、お持ち帰りそれぞれウェイティンググループ数が表示されるようになってとても便利になった。

ひとつ難点なのが、登録している飲食店はデポジットをする必要がある店が多いため、海外観光客が予約をしようとすると（英語版）予約できる店が少ないこと。国全体がスピード感が速いため、外国人からの需要がある、お金になると踏めば提供サービスに変化がある可能性が高いので今後に期待！アプリだ。

私は現在就業ビザで韓国に住んでおり、外国人登録証を持っているからこそ快適に生活できているけれど、この国では外国人登録証※がないと（携帯電話番号も持てない）ほんっとうに生活しづらい。先述したようにNAVERなど自国のサービスが発達していること、自国の企業成長・韓国の人々の雇用を守るという意識が高いため、ビジネスも発想もグローバル思考が強いのに意外と外国人が旅行に来たときに使えないサービスが多いことに気づいた。グローバルが反比例しているところも、なんだかおもしろいなと感じてしまう。

※マイナンバーカードのようなもの。一度発行されると一生番号は変わることはないらしい。現地韓国の人たちは住民登録証を持っている。

(SECTION 8)

ナイトアウト

ソウルの夜

週末の夜にひとりでいると韓国の友人に話すと、「週末なのに遊ばないの??」と言われるほど週末は朝まで遊ぶぞ精神な韓国。若者が元気で好き!せっかくのソウル旅行。たまには寝不足だっていい。夜時間も楽しみたい時、

AMBIENT PICNIK

앰비언트피크닉

ブランチからナイトアウトまで
狎鴎亭ロデオで一杯

週末の夜、若者たちで賑わう狎鴎亭ロデオ。最近流行りのクラブランジ（クラブとラウンジを足して2で割ったようなお店／ほぼクラブだけどこぢんまりしている）も多く、冬は黒のレザームスタン、零下でもミニスカートで闊歩する美男美女たちを見ているだけで元気が出るというもの（?）。狎鴎亭ロデオはマッチプが多いので夕食を食べに行くことが多いのに、2軒目静かな場所でまだまだおしゃべりをしたい時、意外となかなか難しい。ネオンで神々しい出会い居酒屋や派手めなバーなど、若者向けの店が目立つからだ。サクッと入れて、ゆっくり寛ぎながらお酒を飲んだりお茶したりしたい時、頼もしいのが「AMBIENT PICNIK」。

「Herge Bakery」代表ク・ヒョンモさんが手掛ける、大人のための隠れ家的バー＆カフェ。ヒョンモさんはラグジュアリーブランドでVMDとして活躍したのち、チェジュでカフェを運営。数年前からソウルを拠点に活動している。心眼美にかなったインテリアで揃えたクラシカルな空間に、こだわり抜いたバーカウンター。ソウルの夜、ひとりでゆるっとほぐれるにも良し。

住所／ソウル特別市江南区狎鴎亭路46キル28 （서울특별시 강남구 압구정로 46 길 28 ）
電話番号／ +82-507-1336-8011
営業時間／ 11:00 - 23:00
定休日／ 月曜日

フレンチトースト（13,000 ウォン）／クロワッサンサンドウィッチ（11,500 ウォン）／グレープフルーツ、レモン、ライムが入ったジントニック（15,000 ウォン）も女性に人気

Ace four club

에이스포클럽

乙支路・忠武路・南山

（ BREAKFAST BRANCH SOLO MEAL MEAT DISH HOT POT DISH FOREIGN CUISINE SPECIAL DAY DINING BAR NIGHT OUT LOCAL SNACKS LOCO LIFE HOTEL OUTING FROM SEOUL ）

老舗の喫茶店が
クラシカルなCafe＆Bar
に変身

　65年間続いた「梨花喫茶店」に新たな息吹を入れ、2019年10月にオープンした「ACE FOUR CLUB」。扉（이화다방／梨花喫茶店と書かれている）と床は喫茶店時代にあったものをそのまま使い、クラシカルな木製のバーカウンターだけ新しく作ったのだそう。オーナー夫妻がひとつひとつこだわって集めたビンテージ家具やグラス、アンティークの小物も素敵。「最近韓国ではひとつの空間が長く残ることが滅多にないので、昔からある喫茶店の姿を最大限活かし、若者からお年寄りまで幅広い世代の人たちが気軽に時間を過ごせる場所にしたい。歳月の跡がある場所は安らぎを感じさせてくれる魔法のようだと思います」とオーナー。女性ひとりでもゆっくりと寛げる、心地良い空間。奥様がデザインしているアパレルブランド「SIREN DOGAM」は、大人の女性のための上質でエイジレスな洋服を作っている。ショールームもあるので、ぜひチェックを。

ひとりカウンターで呑んでいると「お酒の味はどう？大丈夫？」と気にかけてくれたり、アルコールの分量を弱めに調整してくれたり、優しいスタッフさんたち。

ヴィンテージステレオから流れるのはブルース、クラシック、ロックとジャンルは違えど古き良き時代を感じる曲ばかり。

カウンターにはお酒とグラスがずらり。日本のウィスキーの品揃えもなかなかのもの。

代表メニュー　Ace Four Club Special Old Fashioned of Mr.Lim / Gimlet of Mr.Kweon（各14,000ウォン）

乙支路3街駅1番出口を出てすぐ。裏には「ホリデイインエクスプレス（ホテル）」があり、大通りを挟んだ斜め前には朝早くから開いているカフェ「Hi there」も。

住所／ソウル特別市中区乙支路105
　（서울특별시 중구 을지로 105）
電話番号／+82-10-4248-4244
営業時間／月〜木曜日 17:00-25:00/ 金・土曜日 17:00-26:00/ 日曜日 17:00-24:00
定休日／インスタグラム参照
instagram／@acefourclub

ryul

류

三清洞・ソウル北部

（ BREAKFAST BRANCH SOLO MEAL MEAT DISH HOT POT DISH FOREIGN CUISINE SPECIAL DAY DINING BAR NIGHT OUT LOCAL SNACKS LOCO LIFE HOTEL OUTING FROM SEOUL ）

こちらのお店のインテリアデザイン・空間ディレクションもキム・ギソクさん。真っ黒なスタンドライト「Tower」を購入したいと密かに思っていて今年こそはと狙っている…（オーダーメイド）。ギソクさんの作るインテリアはとことん、シンプルミニマル。機能性も高く、空間の格を上げてくれるような佇まいがある。

夜の三清洞、
ワインバーで一杯

　店も閉まり人も少なく、しんとした雰囲気。夜の三清洞は昼間とは打って変わって静かになる。そんな街のビルの2階にひっそりとある、小さなバー。光化門と図書館が見える長い窓を背景に、オーナーがセレクトした心地良い音楽とともにナチュラルワイン、グラスワイン、ハウスカクテルが楽しめる。希望を伝えれば好みのカクテルも作ってくれるので、アルコール量の調整もOK。漆黒に包まれてワイングラスが一層美しい。Dekadと同じオーナーが運営しているので、アンジュ（おつまみ）やデザートもハイレベル。呑み足りない時、話し足りない時、ふらっと一杯いかがですか？

住所／ソウル特別市鍾路区北村路5キル45, 2F
　（서울특별시 종로구 북촌로 5 길 45 2 층 ）
電話番号／+82-507-1337-5845
営業時間／18:00 - 24:00
定休日／月曜日
instagram／@ryul.official

choorang

추랑

(BREAKFAST BRANCH SOLO MEAL MEAT DISH HOT POT DISH FOREIGN CUISINE SPECIAL DAY DINING BAR NIGHT OUT LOCAL SNACKS LOCO LIFE HOTEL OUTING FROM SEOUL)

韓国旅行の時に泊まるには、微妙にどこに行くにもちょっと距離があるので不便さは否めないけれど、ローカルなソウルを味わいたい人におすすめのエリア。

こぢんまりとしたマッコリバー
おいしいおつまみと一緒にのんびり

　韓国で初めて借りた家が、地下鉄4号線・誠信女大駅から徒歩3分ほどにあるオフィステルだった。小さな繁華街もあり、大学が多いため、いつも学生で賑わっている大好きな街だった。この街を流れている「城北川（성북천）」沿いにはこぢんまりとしたカフェが点々とあり、とろりとした空気感の流れる住みやすい場所だ。そんなエリアにできた小さな居酒屋。モダンなインテリアが可愛く、スタッフさんへ尋ねればおすすめのマッコリも推薦してくれる。マッコリと言えばもちろん、料理も美味しくてお酒が進む〜!

住所／ソウル特別市城北区普門 36 キル 20
　（서울특별시 성북구 보문 36 명 20）
電話番号／+82-2-928-2033

乙支路・忠武路・南山

（BREAKFAST BRANCH SOLO MEAL MEAT DISH HOT POT DISH FOREIGN CUISINE SPECIAL DAY DINING BAR NIGHT OUT LOCAL SNACKS LOCO LIFE HOTEL OUTING FROM SEOUL）

（SHOP NUMBER　66）
ピョンギュンユル
平均律

평균율

音楽とお酒を楽しみたい時。乙支路にある秘密のレコードバー

　こんなビルにこんな素敵なお店が？という驚きも、韓国で旅をする楽しみのひとつだけれど、平均律（ピョンギュンユル）は、そんな楽しさをくれるお店のひとつ。乙支路の飲み屋街から少し外れた路地にある、古びたビルの扉を開ければ別世界。音楽好きな店主ソン・ミンギさんが、音楽を聴きながら気楽に過ごせる場所を作ろうと思い、2018年にオープンしたレコードバーだ。日中は木漏れ日が差し込む穏やかな雰囲気。カフェのようにも使え軽食もできる。夜は音楽とお酒を楽しめる大人な雰囲気にガラリと変わる。ジャズ、ボサノバ、ブルース…ゆるゆる音楽を聴きながら、心ほどきたいときに。ここのグラタンが大好きでぐったり疲れ切った仕事帰り、癒されリフレッシュしたい時、ひとりで訪れていた。異国でひとりふらっと訪れることができる居心地良いバーがあるなんて、大人になったもんだと悦に入りながら。※現在はグラタンがなくなりラザニアに。

ホームメイドラグソースラザニア 23,000 ウォン／グラスワイン 11,000 ウォン〜など。

住所　ソウル特別市中区忠武路 4 キル 3, 2F
（서울특별시 중구 충무로 4 길 3, 2 층）
電話番号／+82-2-2275-9249
営業時間／火水 18:00 - 24:00/木金 17:00 -
24:00/ 土 13:00 - 24:00（Break Time17:00
- 18:00）/ 日 13:00 - 22:00
定休日／月曜日
instagram ／ @pky_seoul

Bar SookHee 熟喜

スプキ

숙희

乙支路・忠武路・南山

（ BREAKFAST BRANCH　SOLO MEAL　MEAT DISH　HOT POT DISH　FOREIGN CUISINE　SPECIAL DAY　DINING BAR　NIGHT OUT　LOCAL SNACKS　LOCO LIFE　HOTEL　OUTING FROM SEOUL ）

お酒が弱いためたった 1 杯でほろ酔い。燃費がいい女とは私のことです。バーテンダーさんにお願いすればアルコールの量も調整してくれますよ。種類によりますが 2、3 杯なら一人 40,000 ～ 60,000 ウォン程。

クラシカルなバーで異国の夜を過ごす

　ナイトアウトしてみたいけど韓国語も英語も喋れないしコ ミュニケーションが取れないと楽しくなさそう。と二の足を踏ん でいる方に朗報。クラシカルなバー「熟喜」はなんと日 本語が通じます。東京・銀座でバーテン修行をした経験のある店主は日本語堪能で、もしかして日本人より上手いかも？と思うレベル。重厚感あるインテリアだけど、雰囲気はいたって軽快。カウンター越しに店主と気楽に会話をしながらお酒を楽しめるのも嬉しい。「お客様にはいつでも安心してお越し頂きたい」と年中無休で営業。また出勤前 はスタッフみんなでおいしいものを食べることが日課なのだそ う。どんなお酒を飲みたいか、希望を伝えれば応えてくれま すよ。にこやかなバーテンダーさんとソウルの夜を楽しんで。

この機会にソウルナイトデビューはいかが？

住所／ソウル特別市中区三一大路 12 キル 23
　（서울특별시 중구 삼일대로 12 길 23 ）
電話番号　+82-70-8838-7950
営業時間／ 18:30 - 25:00
定休日／年中無休
instagram　@soowonopa_sookhee

KOMFY BAR 三角地

동인동

甘やかな香りのお酒を飲む時、いつも NCT ドジェジュンの「Perfume」を思い出すのはわたしだけ？

深夜 24 時までオープンの
レコードバー

　いつのまにか、すっかり若者人気が高いエリアになった龍山。三角地と龍山駅の間、ヨンリダンキルには多国籍レストランやカフェ、バー、飲食店が集まっている。ミナリサムギョプサル目当てに「골목집（コルモッチプ）」を、はたまた「ソビンゴシクタン（서빙고식당）」で食事した後、ふらっと 2 軒目バーとして訪れるお店。刺激のあるペペローニピザに、シナモンの香りたつ KOMFY ハイボール。ゆっくり静かな場所でまだ喋りたくて、なとき深夜まで開いている店意外と少ないので助かっているバー。

住所／ソウル特別市龍山区漢江大路 42 キル 4
　（서울특별시 용산구 한강대로 42 길 4）
電話番号／+82-507-1381-9929

(SHOP NUMBER　69)

鐘路3街ポジャンマチャ通り

종로3가 포장마차거리

老若男女が楽しめる、
韓国呑み屋台街

　暖かくなると、きまって行きたくなるのが鍾路3街ポジャンマチャ通り。屋台と飲み屋がずらっと並び、簡易テーブルがずら〜っと並ぶ光景は韓国ならでは。路地裏に入ると焼肉屋通りがあり、サムギョプサルでおなかを満たして、2軒目、3軒目に屋台でお酒を飲んでもいい。週末夕方からそろそろと人が集まり、夜20時頃には席を見つけることが困難なほど多くの人で賑わう。屋台は「海雲台（ヘウンデ）」「全州（チョンジュ）」など韓国地方の名前がついており、メニューも屋台ごとに異なる。

ソウルの人たちの熱気を感じることのできる、大好きな場所。「金曜日の夜、鍾路3街駅6番出口で」。今まで何度使ったかわからない、そしてこれからもたくさん使う気がする。

生まれて初めてのサンナクチ（生きたままのタコ刺身）はここの屋台でいただきました。喉に引っ付いたらどうしよう?!と恐ろしかったので口に入れた瞬間、力の限り噛み砕いた思い出。

天ぷら（ティギム）、韓国オモニの具沢山卵焼きをつまみにビール。賑わう喧騒と開放感たっぷりな中飲むお酒は普段より美味しく感じる。カードは使えないので現金必須！

住所／鍾路3街駅6番出口
（종로3가역6번출근）

CHAPTER

2

小確幸を感じる
暮らしに溶け込む
過ごし方

「韓国と日本は距離が近いからこそ、勝手に似てるところが
多いと思ってしまうけどあくまでも違う国なんだからブラジルく
らい距離があると思っていた方が楽だ」と、日韓で仕事をす
る先輩から言われて腑に落ちたことがある。それぞれ大事に
してきた文化や習慣があるのだから、お互いを知って理解し
ていくことが大事なのだなと実感した。

ただ小確幸を感じるとき、国も人種も関係ないだろう。朝の
コーヒーの香り、晴れた日に公園を散歩、おいしいものを食
べる瞬間、大浴場でお風呂に入った後のシッケ、おしゃべり、
大切な人と過ごす時。日常に眠っている、小さな幸せを感じ
られる旅時間を。

(SECTION 1)

ローカル軽食

ふらっと食べたい！韓国ソウルフード

街中の至るところで食べることができる、韓国的軽食。持ち帰りはもちろん、その場でも、歩きなが
らでも食べやすいヒョイっと食べることができるものばかり。ちょっと小腹が空いた時のおやつ代わり
にも。安くて美味しい！韓国の街の味。

街の屋台（ホットサンド）

キャベツの食感とまろやかな卵、ケチャップ、そして砂糖。甘じょっぱい軽食は韓国の得意とするところ。食べやすいように紙コップに入れてくれる韓国式スタイルもチェゴ。

庶民の味方！
韓国的贅沢朝食

　数年前、東大門卸売市場で仕入れをしていた時、深夜から朝まで働いていた。ピリついた空気の中、ビジネスに本気な若者で溢れる東大門が大好きで「私も頑張ろう！」と気合を注入していた。そんな仕事終わり、働いて空腹になったおなかも心も満たしてくれるのが、ソウル市内の至る所で見かけるホットサンド。キオスクや屋台、その場で出来立てのホットサンドを食せるのに、お値段は 3,000 ウォンほどとあまりにリーズナブル。作ってくれる過程を眺めているだけで幸せな気分になる、プチプラなのに最高に贅沢な朝食なのだ。

アッパホットク

아빠 호떡

めちゃめちゃに余計なお世話だけれど、勝手に自分の祖父と重ねて、いつまでも元気でいて欲しいなと願っている。おいしいホットク、ずっと食べたいです。

ハラボジが焼いてくれる
ほくほくホットク

　小さな屋台で、質の良い食材だけを使い、生地をこね、ホットクを焼く姿はまさに職人。心の中でハラボジと呼び慕っている店主さんを見るたび "Simple is best" という言葉が思い浮かぶ。食べるほどじんわり美味しさが滲み出るふわふわ生地に甘い蜜。その場で食べる出来立てのホットクを食べる瞬間だけ、小学生の頃にタイムスリップしたような純粋な気持ちに戻れる。無駄な物がない、シンプルだからこそまた食べたくなる。いつまでも食べ続けたい、大事なホットク。

住所／ソウル特別市中区南大門市場２ガキル６
（서울특별시 중구 남대문시장 2 가길 6 ）
営業時間／ 9:00-17:30
定休日／日曜日

天ぷらおじさん

튀김아저씨

YouTube「dingo studio」に東方神起のユノが様々な同好会の一員となって参加する番組「東代表(동대표 トンデピョ)」でトッポッキを愛する同好会員たちとユノが食べていて、これは美味しそう！と気になったことがきっかけ。

わたしのインセン(人生)トッポッキ、見つけた！

　実は私、トッポッキをあまり食べません。韓国の友人たちは大好き！だからことあるごとにトッポッキを食べるチャンスがあるものの、重くて2つくらいしか食べられない…と胃が痛かった。しかし見つけてしまいました。マイ・人生・トッポッキ。地下鉄3号線・大峙(대치 / テチ)駅3番出口すぐ、地下総合食品売り場にそっとある小さなお店。注文を受けてから天ぷらを上げてくれるのが何より嬉しい…！トッポッキの小ぶりなサイズ感もおひとりさまにぴったり。サクッと上がったあつあつの天ぷらをトッポッキのスープに浸して食べた瞬間、幸せが充満。肝心のトッポッキはほんのり甘み、ツルッといただける軽やかさ。モドゥンティギム(全種天ぷら)とトッポッキのセットで7,000ウォンとリーズナブル。

住所／ソウル特別市江南区三成路212
　　　(서울특별시 강남구 삼성로 212)
電話番号／+82-2-557-0814
営業時間／10:10 - 20:00
定休日／日曜日

狎鴎亭・清潭洞

（BREAKFAST BRANCH SOLO MEAL MEAT DISH HOT POT DISH FOREIGN CUISINE SPECIAL DAY DINING BAR NIGHT OUT LOCAL SNACKS LOCO LIFE HOTEL OUTING FROM SEOUL）

（SHOP NUMBER 73）

（MAP）

魔女キムパブ

마녀김밥

スープや漬物、水は自分で勝手に取るスタイル。注文は画面の案内に沿って進めます。まずはお店の中で食べるか、お持ち帰りかを選択。好きなメニューを選んだらお会計を（カード決済のみ・日本のカード使えました）。

朝8時からOPEN!
韓流スターも通うキンパ屋

　取材中、差し入れでいただいてからハマってしまった「魔女キンパ」。午前8時から開いているので、朝ごはんやホテルでのおやつ、ピクニックのおともに、とにかく使い勝手よし。他の種類も食べたいな…と思いつつも、私はいつも看板メニューの「魔女キンパ」を注文してしまいます。はじめて食べた時、キンパの具材に揚げ物があることが衝撃で！揚げ物から放たれる香ばしさと旨味、じゃくじゃくとする歯ごたえがクセになるおいしさ。さらに卵焼きとハム、たくあんとのコラボレーションでまろやかな一品に仕上がっています。おなかに余裕がある人は、キンパと一緒にラーメンもどうぞ。軽食なのでサクッと食べてサッと出たい人におすすめ。平日昼食時は現地のOLで満席なことも。魔女キンパ（3,500ウォン）

住所／ソウル特別市江南区狎鴎亭路 79 キル 32
（서울특별시 강남구 압구정로 79 길 32 ）
電話番号／+82-10-5547-9543
営業時間／ 8:00 - 21:00

サムヒキムパブ

삼히김밥

汝矣島・永登浦・麻浦

(BREAKFAST BRANCH SOLO MEAL MEAT DISH HOT POT DISH FOREIGN CUISINE SPECIAL DAY DINING BAR NIGHT OUT LOCAL SNACKS LOCO LIFE HOTEL OUTING FROM SEOUL)

イートインも可能。お店の周りは遊歩道。公園になっているのでポカポカ陽気の中ベンチでいただいても良いし、漢江ピクニックのお供にしても最高。

小洒落キムパブでピクニック고고!

고ーー고

　P.016 で紹介した「Calmild」のシェフが手掛ける、現代的カジュアルキムパブ。パッケージやショッパーもレトロ可愛くて、味ももちろんおいしい！「サムヒキムパブ（4,200ウォン）」「辛豚肉炒めキムパブ（5,500 ウォン）」などキムパブは全6種類。マイベストは「トンカツキムパブ（5,800ウォン）」！野菜も摂れて、さっと手軽に、小腹がすいた時のおやつ的にも食べることができて、さすが韓国ソウルフード。キムパブ優秀すぎる。

タッカンジョンをおともにすれば、さらに完璧。

住所／ソウル特別市麻浦区光成路 42-1
（서울특별시 마포구 광성로 42-1）

LOCO
LIFE

LOCO LIFE

あたたかくなったら漢江公園でピクニック

金夜はサムソで盛り上がり、チムジルバンでデトックス。平日は忙しいからこそ友達とお茶したり、恋人とデートをしたり。最近はひとりだけで過ごせる空間も増えていて生き方の多様化が進んできているのかも…そんな、ソウルっ子気分を味わえる旅時間を過ごしてみませんか？

ヒョドチキン

효도치킨

狎鷗亭・清潭洞

(BREAKFAST BRANCH SOLO MEAL MEAT DISH HOT POT DISH FOREIGN CUISINE SPECIAL DAY DINING BAR NIGHT OUT LOCAL SNACKS LOCO LIFE HOTEL OUTING FROM SEOUL)

レッドゥライクオリジナル生ビール（5,000ウォン）は苦味が強くてダーク。
HUG me 生ビール（6,000ウォン）はフルーティで軽やか！

ソウルの週末夜は
チキン＋ビール＝チメク!

　フライドチキンを食べながらビール（メクチュ）を飲むことを、韓国では「チメク」と言う。相性ばっちりの黄金コンビ！私は韓国に通い出し、チメクを知ってからというもの、今まで飲めなかったビールを少し好きになった。韓国のビールがさっぱりしていて軽いこともあるかもしれないが"食エンタメ"を楽しんでいる感覚。週末夜だしチメクしに行こうよ！と、ソウルっ子ぶって友達を誘うことも（笑）。お店はもちろん、自宅で友達と、暖かい季節は公園でチメクすることも。漢江でなんて、もう最高…チェゴ！ハオ!江南にある人気店・ヒョドチキンは、揚げジャコとからめた甘辛いソースがクセになるおいしさ。いろんな味を楽しみたいときは、ピリ辛ヤンニョムが加わった、ハンバン チキン（20,000 ウォン）がおすすめ。フルーティな 生ビールともぴったり。

1階はコンビニ。お店は2階にありますが、このロゴマークが光り輝いているのですぐに発見できるはず。

住所／ソウル特別市江南区烏山大路 46 キル 21
（서울특별시 강남구 도산대로 46 길 21）
電話番号／+82-2-518-0628
営業時間／18:00-26:00（L.O.1:00）
定休日／日曜日
instagram／@hyodochicken

1人用 1p

일인용 1P

ビエンナコーヒーと本、CDプレーヤーで聴く音楽。大好きな空間で過ごす時間、すべてが愛おしい。予約は
NAVER から可能（前払い制）。1 人 1 時間 20000 ウォン、2 人まで予約可能。NAVER 予約が難しい場合はお店
のインスタグラムへDMを（韓国語 or 英語）。

本とともにひとりで過ごす
特別な時間

　ソウルで最近じわじわと増えている、完全予約制
空間。西村の小さな建物の 2 階にある「1P( )」は、
1 人の空間、時間、コーヒー、本、音楽を満喫できる、
とっておきの場所。店主がソウル市内でカフェを運
営していた頃からファンで、扉を開け中に入った瞬間、
カオナシみたくこの空間を全部吸い込んでしまいた
い…!!!!! そう思ってしまったほど、インテリアと言う
よりも店主のセンスをまた愛した。本は事前に選択し
ておくシステムだが韓国語なので、好きな本を持って
行ったり考え事に耽ってみたりするのも良い。レコー
ドプレーヤーで音楽を聴きたいときは、店主に声をか
けて。

住所／ソウル特別市鐘路区弼雲大路 33-1
　　　（종로구 필운대로 33-1）
電話番号／+82-2-2211-2211
instagram／@1p_news

VINYL seongsu

バイニル 성수

利用料（1ドリンク付）1人18,000ウォン。ドリンクはアメリカーノ、各種ラテ、ティー、エイドと種類豊富。

レコードカフェで
ヒーリングタイム

　ソウルは意外と遊ぶ場所が少ない。私はカフェホリックなので、カフェ巡りをしているだけで満足できるけれどソウルっこはそんなことはないらしく、もっと遊べる場所があればいいのにとよく言っている。そんな中、増え続けているのがレコードカフェ。ニュートロ、Y2K とレトロな流行が続いている中、レコード・LP プレイヤーは人気だ。週末はカップルが多く、デートスポットにもなっているがもちろんひとりで訪れたっていい。私は思いがけず時間ができた時、ひとりで考えごとをしたいときよくひとりで訪れる。好きな音楽だけ聞く偏った人間なので、普段自分が手に取らないようなジャンルの歌手の音楽を聞く、きっかけにもなる。毎日バタバタと過ごし、余裕がなくなりがちだからこそ、余白を残し視野を広げておきたいものだ。

住所／ソウル特別市城東区峨嵯山路 15-8,2F
　（서울특별시 성동구 아차산로 15-8 2 층）
電話番号／ +82-
営業時間／ 11:00 - 23:00　（10:00-23:00）
instagram ／ @vinyl_seongsu

ttrs 聖水

ttrs 성수

聖水・ソウルの森

（ BREAKFAST BRANCH SOLO MEAL MEAT DISH HOT POT DISH FOREIGN CUISINE SPECIAL DAY DINING BAR NIGHT OUT LOCAL SNACKS LOCO LIFE HOTEL OUTING FROM SEOUL）

韓国インテリア&
雑貨好きさんたちへ

　仕事柄、また韓国に住んでいると日本の友人知人たちからよく聞かれる質問がある。「買い物はどこでするの？おすすめのお店を教えてほしい」と。しかし真実の答えは「何でもかんでもオンラインだよ☆韓国でオンラインにないものはないんだよ」。アシダシピ（ご存知の通り）韓国はネット大国。韓国ブランドの洋服も、プチプラファッションも、インテリアも雑貨も日用品も生鮮食品までぜーーーーんぶオンラインショッピングで賄えてしまう。というかオンライン充実しすぎていて沼。もちろん、お店でのお買い物は楽しい。大好き。BUT ハジマン、ソウル市内って案外広いんですよね。しかも、買いたいものが多岐に散らばっていて行きづらかったり、実店舗がなかったり、時間も手間もかかることが多いわけです。しかし、そんな質問を受けても華麗に答えることができるようになった。それは聖水に、私が愛する「29CM ※」のショールームが出来たから。家具やボルトが違う照明類、日本への持ち運びが大変なものもあるものの、器ブランド「UNS」「minohan」「LOFA SEOUL」、パリ発「MARIN MONTAGUT」など国内外問わず韓国現地でリアルに人気なアイテムが揃う。

※日本で言うところのZOZOTOWN。ファッション、インテリア、雑貨、韓国の若者に人気のブランドやアイテムが買えるプラットフォーム。

愛用している「TOWELOGIST」のタオル。ふんわりとしたコットンの肌触りと浴室にかけておくだけで、パッと可愛さを添えてくれるデザインがお気に入り。韓国で初めて特殊原糸（Hollew Yarn）を使用していることで、一般のタオルよりも軽くて柔らか、吸収力と乾燥力が優れているのだそう。

洗練され、エッジが効いたさすがの空間ディレクション。あああああ全部買い占めたい！購買意欲が爆増してしまうので、もはや怖い。

住所／ソウル特別市城東区峨嵯山路９キル 12 1F
（서울특별시 성동구 아차산로 9 길 121 층）
instagram ／ @ttrs.seongsu

汝矣島・永登浦・麻浦

（ BREAKFAST BRANCH SOLO MEAL MEAT DISH HOT POT DISH FOREIGN CUISINE SPECIAL DAY DINING BAR NIGHT OUT LOCAL SNACKS LOCO LIFE HOTEL OUTING FROM SEOUL ）

汝矣島漢江公園
ヨ イ ド ハンガン

여의도한강공원

ソウルの源で
暮らすように遊ぶ

　韓国暮らしももはや6年目。ソウルで生活をし始めて、1番嬉しいのは気軽に漢江に行けることかもしれない。旅行で来ていた時、漢江を見るとまたソウルに来れたと嬉しくなり、長く暮らし通勤途中に見るようになっても「夢だったソウル暮らしをしてるんだよなぁ…」と嬉しくなり、テンションが上がってしまう。年がら年中いつでも行きたい場所だが、春秋がベストシーズン。夏の日中はかなり暑いので絶対おすすめしたくないけれど、夜は少し涼しくなるので、ミニ扇風機片手にピカピカ光るカクテルを飲むのも楽しい。河のほとりでピクニックをするのも、散歩するのも、遠くから光が水面に反射し、キラキラ眩く光る「윤슬（ユンスル）」を眺めることも、すべての時間が愛おしくなる魔法を持った河。

世界で1番美味しいラーメンは、漢江で食べる辛ラーメン。これは譲れない。

生粋のソウルっ子に漢江行こうよ！と誘ったら、それ自殺しようって意味だよ？と言われたことあり。果たして真相は。

レジャーシート、簡易テーブル、ライト、ミニ扇風機などレンタル可能。現金支払い。

住所／ソウル特別市永登浦区汝矣東路330
（서울특별시 영등포구 여의동로 330 ）

三清洞・ソウル北部

(BREAKFAST BRANCH SOLO MEAL MEAT DISH HOT POT DISH FOREIGN CUISINE SPECIAL DAY DINING BAR NIGHT OUT LOCAL SNACKS LOCO LIFE HOTEL OUTING FROM SEOUL)

(SHOP NUMBER 80) 　　　　　　　　　　　　　　　　　　　　　　　　 (MAP)

駱山公園
ナクサン

낙산공원

地下鉄4号線「恵化駅」から徒歩15〜20分ほど。演劇の街でもある大学路エリアの丘上に位置します。駅から歩くとなかなかハードなのでぺたんこ靴で行くのがおすすめ。また、せっかくここまで来たのなら駅の近くにあるカフェ「Maison de avecel」もぜひ訪れてみて。

韓国ドラマのロケ地＆デートスポット

　韓国ドラマや映画のロケ地としても有名だが、ソウルっ子たちにとってここはデートスポット。昼間はアジョシたちが丘の上で語らっていたり、運動器具でひとり無心にトレーニングをするアジュンマがいたりとピースフルな雰囲気。夜になると一転、恋人たちの甘い雰囲気に山が覆われる。夜遅いと暗くて人がいなくて恐いかな…？と少し緊張しながら行ったものの、なんてことないカップルだらけ。思っていたよりも人が多くて驚き。

　東大門まで続く城郭は1970年代に復元されたもの。600年前に景福宮・昌徳宮を守るために築かれた「漢陽都城」は、崇礼門〜光熙門、光熙門〜恵化門、恵化門〜彰義門、彰義門〜崇礼門の4区間。現存保存されたままの箇所もあるのだそう。城郭沿いを歩くトレッキングコースも◎。

住所／ソウル特別市鍾路区駱山キル54
　（서울특별시 종로구 낙산길 54 ）

南大門市場（大都商街）

남대문시장

乙支路・忠武路・南山

(BREAKFAST BRANCH SOLO MEAL MEAT DISH HOT POT DISH FOREIGN CUISINE SPECIAL DAY DINING BAR NIGHT OUT LOCAL SNACKS LOCO LIFE HOTEL OUTING FROM SEOUL)

本当に必要なものを買いに行くというよりも、何か掘り出したくて宝探し気分で行くことの多い場所。

掘り出し物を見つけに！宝探し

　雑貨好きからすると南大門市場はワンダーランド。マッコリヤカンからアクセサリーまで、膨大な量の生活雑貨を取り扱う韓国最大規模の市場。卸市場ですが東大門より優しい雰囲気。一般客への価格があるからなのか、年配のスタッフさん方が多いからなのか優しくて親切な人が多いように感じます。東大門のピリピリとした緊張感（プロたちが集う卸市場ですからね）よりマイルド。生活雑貨を扱う「大都商街」へ行く時は鮮やかな色と刺繍が可愛い巾着を、自分用にもお土産用にもよく買います。相手の顔を思い浮かべながら、イメージに近い色や形をじっくり探すのも楽しいのです。小さな巾着はなにかと使い勝手がいいし、お土産にも喜ばれますよ。雑多としたカオス的韓国の魅力も感じられる市場旅、おもしろいですよ。

明洞からは徒歩圏内。最寄り駅は地下鉄4号線会賢駅5番出口。

住所／ソウル特別市中区南大門市場4キル9
（서울특별시 중구 남대문시장 4길 9）

チムジルバンでシッケ

「뭐해？（モヘ？何してるの？）」と聞かれた時「뒹굴뒹굴〜」とよく使います。ちなみに、韓国ドラマで見ていたような羊タオルアレンジはまだしたことがない。

すっぴんでディングルディングル極楽天国

　「뒹굴뒹굴하다（ディングルディングルハダ）」寝転びながらごろごろするという意味の韓国語。この単語がぴったりな場所がある（自宅は除いて）。それはまさに、チムジルバン。そしてチムジルバンと言えば、ゆで卵にシッケ、これぞ韓国。缶ジュースのシッケは甘すぎて苦手だが、チムジルバンや市場で飲む手作りシッケは大好き！もち米やうるち米に麦芽を加えて発酵させ、砂糖や蜂蜜などで自然な甘みをつけた韓国の伝統的ドリンク。大浴場で茹った体にぐんぐん栄養が染み込んでいく気分。チムジルバンのゆる〜く温まるところ、みんなが雑で自由なところサランへ。思いっきり心ゆくまでゴロゴロ出来る幸せときたら…。

(SHOP NUMBER 83)
ソンス

聖水チョッパル

성수족발

(MAP)

地下鉄2号線「聖水駅」から徒歩5分。写真は中サイズ（35,000ウォン）。山盛りのチョッパル、キムチ、ニラ、野菜、タレ、サンチュと一式揃っているので、これだけですぐに飲み会をスタートできます。

ソチュのおともに心強い

　友人の家で集まっている時「ソウルで一番おいしいチョッパルの店だよ！」と韓国人の食いしん坊友達が持って来てくれたもの。店主であるハルモニが毎日作るチョッパル専門店です。あまりお酒を飲まないので、わざわざ食べに行くこともないし夕食としてお店に行くのもちょっとな…と食べるタイミングがなかなかつかめなかったチョッパル。なるほど家飲みの時にぴったりだと思ったのです。ぷるっぷるの豚の皮と塩辛さは、お酒のつまみにドンピシャリ。Airbnbで家を借りてチョッパルと焼酎で酒盛りすればソウルっ子気分。韓国の人たちはペダル（デリバリー）でもチョッパルを頼むことが多いみたい。

住所／ソウル特別市城東区峨嵯山路7キル7
　　　（서울특별시 성동구 아차산로 7 길 7）
電話番号／+82-2-464-0425
営業時間／12:00-24:00
定休日／旧正月・秋夕

セビョッチッ 清潭洞店

새벽집 청담동점

24時間営業！
おいしい高級牛焼肉

　韓国芸能人が来ることも多い有名焼肉店。韓牛焼肉はもちろんおいしいけれど、ちょっとお高めなので、ユッケとチゲやカルビタンをいただくことがほとんど。ユッケを頼むとお店のアジュンマが生卵とユッケをサクサク混ぜてくれます。大粒のユッケはさっぱりとしているのにコクもあっておいしい！ ユッケは醤油ダレにつけてノリで巻いて食べるのもおすすめ。白ごはんとも相性バッチリです。コクのあるチゲは、味が濃いめなので焼酎にもあいます。豚チゲはまろやか、イワシチゲは魚介味が強く少しクセがあります。24時間営業なので使い勝手が良く、しかも場所柄（セレブ地区なので治安が良い）深夜でも安心して行けるところも良し。近くのホテルに泊まっていたらひとりでサクッと深夜食堂代わりになんてのもいいかも。

少し値は張ってもまた食べたくなる。優し人上品なユッケ。

ユッケ（35,000 ウォン）／カルビタン（25,000 ウォン）／チゲ（各 8,000 ウォン）

週末は家族連れも多くアットホームな雰囲気。
深夜は謎の業界人らしき人たちも。

住所／ソウル特別市江南区烏山大路 101
キル 6 （서울특별시 강남구 도산대로 101 길
6 ）
電話番号／+82-2-546-5739
営業時間／24 時間営業
定休日／年中無休

韓国の人たちが好きな「モイム」

韓国で就職して驚いたのが「동호회（ドンホフェ／同好会）」があったこと。クライミング、テニス、読書などなど、退勤後や昼休みを使ってサークルのように活動している。

一度だけクライミング同好会に参加し、初めてながらかなり上手く出来てしまった。クライミングをした後は有志でヤンコチを食べに飲み会。そうか、こうやって多部署の人たちと仲良くなるのか〜と韓国で青春してる気分を味わえたので満足してしまい、その後は行っていない。ミッションコンプリートしたら飽きてしまうのだ。

社内の同好会はもちろん、韓国にはたくさんのモイム（集まり）がある。不思議なのが、恋愛アプリでの出会いには抵抗がある人が多いのに、モイムアプリには抵抗感が少ないのだ。たしかに韓国で恋愛出会い系アプリは、事件や詐欺が多く変な人が多い確率が高いのは事実なので、かなり気をつける必要がある。

「MUNTO」「소모임（ソモイム／小さな集まり）」というアプリは、동네친구（トンネチング／ご近所友達）見つけ

よう、語学勉強目的のもの、旅行、ドライブ、登山、運動、カフェ巡り、観劇など本当に多種多様な同好会があり、スクロールしているだけでどこに参加してみようかと楽しくなった。アプリは基本的に本人認証あり。グループごとに規約は違うが、年齢制限があるものも。気になるグループに入会する際は、ルールに従い顔写真付きで自己紹介が必要なことも多い。みんなで遊ぼう！系だと幹事の男性が女性にだけ個別メッセージを送っていたり、え？と思うようなこともあるので、そういった面でも最初にどんなグループなのかをチェックできる。

一番衝撃を受けた規約は「女性は年齢制限なし！男性はチビ・ハゲお断り！（※原文ママ）」というもの。韓国で背が低い男性がどれだけ生きづらいかを垣間見てしまい、そっと画面を閉じたことは言うまでもない。
※韓国の携帯電話番号が必要。

旅がもっと楽しくなる！
毎回新しいチャレンジをしてみる

　何度行っても、この地に降り立つたび心の中で雄叫びを上げてしまうほど、ボルテージが上がる韓国。ただ、だんだん小慣れてしまうと新鮮さや初めてのときめきは薄れてしまうもの…。そこで私は渡韓のたび、自分で自分にマニフェストを作り、目標を達成してきました（笑）。

例えば…

TRY! （1）夜の漢江でラーメンを食べる

TRY! （2）映画館で映画を観る

TRY! （3）美容室で髪を切る

TRY! （4）KTXに乗って旅をする

TRY! （5）コインノレバンにチャレンジする

TRY! （6）推しグループが出演する「MUSIC BANK」の入り待ちをする

TRY! （7）カフェのバリスタさんと韓国語で会話をする

　本当に些細で小さなことだけど、体感し達成するたび、幸せを噛み締めていました。
　大人になるにつれ、どんどん「はじめて」が減ってしまうからこそ、旅先での初体験が純粋な喜びや達成感、ときめきをくれるのです。
　もはやカンフル剤。

HOTEL

宿

ホカンスについて

「호캉스 (ホカンス)」とは海外旅行の代わりに近場のホテルでバカンス気分を楽しもう！という造語。
若者を中心に人気のアクティビティで、コロナ禍を経て日本でも広まった言葉ではないでしょうか。
ここではホカンスにぴったりな素敵なホテルや、おこもりしたくなる韓屋ステイを紹介。

GLAD 麻浦
マ　ポ

글래드마포

ソウル市内を
駆け巡りたい人向け

　孔徳駅 9 番出口を出てすぐ目の前にあるホテル「GLAD 麻浦」。孔徳駅は地下鉄 5・6 号線・空港鉄道が通っているので、空港へのアクセス良し、弘大方面も梨泰院方面も 1 本、明洞までタクシーで 15 分ととにかく利便性が良すぎる立地。綺麗で快適なデザイナーズホテルで、おすすめのホテルを聞かれたら必ず答えのひとつに入る一軒です。シングルでも余裕のある広さも嬉しい。ミニマルでモダンな客室はとても居心地が良くて、ホテルに帰るのが毎回楽しみになるほど。フロントのスタッフさんたちは日本語は通じず韓国語 or 英語のみ。親切で優しいですよ。

客室数378　1泊11,000円〜

住所／ソウル特別市麻浦区麻浦大路 92（地下鉄 孔徳駅 9 番出口直通）
（서울특별시 마포구 마포대로 92）
電話番号／＋82-2-2197-5000
instagram ／ @gladhotels

ビジネス街であるこのエリアはマッチプがたくさん！カルメギサル（豚ハラミ）が有名な「麻浦カルメギ」、チゲがおいしい「クルダリ食堂」などサラリーマンや地元の人が通うお店が多く、ローカルな雰囲気を味わえます。

THE CHAE(SPACE.06)haud

더채 : 하우도

おこもりしたくなる
モダンな韓屋ステイ

　圧倒的夜型生活を続け、はや何年？な人間だが、環境が変わるだけでこんなにも規則正しい生活を送ることができるのかと感動した、韓屋ステイ。朝6時、目覚ましもなくすっと目覚める。庭を眺めながら広々としたダイニングでコーヒーを淹れる。伝統的な韓国美に温故知新を感じるモダンなインテリア。ふかふかの布団でぐっすり眠った後は、鈴を鳴らしながら瞑想してもいい。寝室は2つ、浴室も2つ。昔ながらの伝統韓屋ステイの場合、気をつけたいのが浴室。排水管や水回りが古く不便なことも 多いけれど、さすがラグジュアリーな韓屋。ちょっとした温泉のような大きな石造りの浴槽も魅力。

ウォークインキッチンがあるので料理もでき、まさに暮らすような旅が実現できる。この辺りはコンビニが早めに閉まるので、ご注意を。

一泊550,000ウォン～とひとりで泊まるには値が張るが、4～6名まで宿泊可能なので4名ほどで泊まればかなりコスパ良し。

住所／ソウル特別市鍾路区三淸路124-6
（서울특별시 종로구 삼청로 124-6 ）
HP ／ https://www.thechae.kr/haudo

RYSE, Autograph Collection

ライズ オトグラフ コレクション

インテリア好きに勧めたい
デザイナーズホテル

　ストリートカルチャーを感じられるエネルギッシュな若者の街・弘大に、マリオットインターナショナルが作ったデザイナーズホテル。ホテルというより、もはやアートワークに近いような独創的な空間。世界中の著名なアーティストとコラボレーションし、インテリアデザインを手掛けたのはMichaelis Boyd。客室は6タイプ。国内外のアーティストがインテリアに参加した5つのアーティストスイートルームは、もはや美術館。オンラインストーリーテリングプラットフォーム「Maekan」、インストール美術家「バク・ヨジュ」、写真家「Laurent Segretier」とペインティングアーティスト「Charles Munka」がそれぞれ異なるコンセプトでコラボレーションしています。1泊300,000ウォン〜（価格は変動）ほど。ここに滞在している間ず〜っと気分が上がりっぱなしなので、結果コスパがいいはず。ホテルに籠って仕事をしたくなる、エネルギーみなぎるホテルです。

1Fの「BLUE BOTTLE COFFEE」で朝珈琲。開放感たっぷりの気分が上がるカフェです。地下には無料で入場できるギャラリーも。

「Suite Artist Park」ROOM。客室は全274室。

既存のホテルでは体験できないような体験と文化的インスピレーションを感じることのできる場所。

Bluetooth スピーカー「Boombox」とファッションブランド「IISE」が
デザインしたバスローブが設置されている。

弘大入口駅9番出口からすぐですがエスカレー
ターがないため、1番出口から出て地上から向
かう方が荷物が多い時は楽かもしれません。

住所／ソウル特別市麻浦区楊花路 130
（서울특별시 마포구 양화로 130 ）
電話番号／+82-2-330-7700
instagram ／ @ryse_hotel

LESCAPE HOTEL

레스케이프호텔

乙支路・忠武路・南山

（BREAKFAST BRANCH　SOLO MEAL　MEAT DISH　HOT POT DISH　FOREIGN CUISINE　SPECIAL DAY　DINING BAR　NIGHT OUT　LOCAL SNACKS　LOCO LIFE　HOTEL　OUTING FROM SEOUL）

ホテルごもりしたくなる
「日常からの甘い脱出」を
叶えるホテル

　映画の中に入り込んだようなデコ
ラティブな空間にふわりと漂う甘い
香り。世界的に有名なフランス人建
築家兼内装デザイナーであるジャッ
ク・ガルシア氏とのコラボレーション
による客室とインテリアは、華やか
でクラシック。19世紀のフランス貴
族社会からインスピレーションを受
けて設計されており、鮮やかな色彩
と優雅なインテリアにうっとり。浴
室のバスタブとソファに床は白黒の
市松模様…たまりません。客室に入っ
た瞬間、興奮のあまり奇声を発してし
まったほど。可愛いのoverdoseで幸
福指数は上がりっ放しです。エレベー
ターの音声がフランス語なところま
でエスプリが効いています。シング
ル220,000ウオン〜、スウィートルー
ムは330,000ウオン前後(価格変動あ
り)とひとりで泊まるには少し値が張
るので、仕事を頑張ったご褒美や女子
旅におすすめ。また愛犬家に嬉しい
サービスも。9Fにはペットルームあ
り、1・7Fの一部エリアとレストラン
はペット同伴可能。さらにペット同伴
客室パッケージもあるそうですよ。

スウィートルーム宿泊客専用談話室が素敵すぎる…!ときめきすぎて息が止まりそう。

ホテル滞在中、ずっとほのかに広がる香りは L'ESCAPE 独自の調合。Maison Martin Margiela などの香水を誕生させた調香師 Alienor Massenet 氏がディレクティングしたもので、フローラルベースにほんのりとバラの香り。ホテルのインテリアともリンクしています。香水やキャンドル、ルームスプレーは 7F のショップでも購入可能。

1番コンパクトな「Mini King」ルームでもこの可憐さ。カーテンを締めれば浴室は見えませんよ。

ホテルマンの制服まで映画級。ウェス・アンダーソン監督の作品に出ていそう。

住所／ソウル特別市中区退渓路 67
（서울특별시 중구 퇴계로 67 ）
電話番号／+82-2-317 4000
instagram ／ @lescape_hotel

SWISS GLAND HOTEL

스위스 그랜드 호텔

ソウルの片隅で
のんびりホカンスしたい時

　はじめにお伝えしておくと、どこへ行くにも遠いので不便。しかしそれこそが本来のホカンスなのかもしれない。ホンジェ川の近くに位置する、外資系のクラシカルなホテルは 90 年代の雰囲気を感じることができる。シーズンによるが 1 泊 15 万ウォンほどで宿泊できてリーズナブル。客室には浴槽もあり、広々使える（韓国のホテル、割とお高くても浴槽がないところが多い）。レトロなロビーやカフェスペースで寛ぐのも良い。時間に追われていると、何もしないということが難しいかもしれないけれど、川沿いをゆっくりお散歩したり、ベッドの上でゴロゴロしたり。なんてことない日常の贅沢を味わえるはず。

地下鉄 3 号線・ホンジェ駅またはタクシーかバスで。近くには「lodge109」や「long and short」など居心地良い可愛いカフェも。

住所／ソウル特別市西大門区延禧路 353
　（서울특별시 서대문구 연희로 353）
電話番号／+82-2-3216-5656
HP／https://www.swissgrand.co.kr/ko/

CHAPTER
3
___

ソウルから
足をのばして

ソウルが大大大好きだけれど、韓国の地方旅行も楽しい！
早起きしてソウル駅でキムパブとおやつ、コーヒーを買って
ＫＴＸに乗って旅をする。その過程も楽しいもの。大都市ソ
ウルとは違う風情やおもしろさ、自然の美しさ、その土地な
らではのおいしいものと魅力たっぷりな韓国地方旅。
ドリームのことは殿堂入りで愛しているしRIIZEも愛している。
つまり、そんな感じ。
江原・江陵市はドラマ「トッケビ」のロケ地としても、オリン
ピック開催地としても有名になった海街。美しい海においし
い海の幸！郷土料理のスンドゥブにカフェも。
ソウル市内からも気軽に行ける仁川、ＫＴＸで日帰り旅もで
きる江原・江陵プチトリップへご案内。

仁川・江原

海のある街で何しよう？

ソウルとはちょっと違う景色を見たくなった時、ふらっと日帰りでも行ける街で海を眺めながらヒーリング。海鮮食べて、海岸を散歩して。リフレッシュが完了したら、日常も頑張れる気がする。

INCHEON nest hotel

ネストホテル 仁川

仁川でホカンスを満喫

クリエイティブ集団・JOHがブランディングと建築、デザイン全域を手掛け、韓国で初めて、世界的に独創的なホテルを選定する「デザインホテルズ Design Hotels™ 」のメンバーに選ばれた nest hotel。ここはもはや「ホテル」が旅の目的。窓からの眺めも、ミニマルなインテリアデザインも居心地よし。レストラン、カフェは宿泊客以外もたくさん訪れる人気店。もちろん、ソウル市内からもホカンスを楽しみにやってくる人もたくさんいます。また、一年中楽しめる屋外フィンランドサウナや、西海を望むインフィニティプールからの絶景と夕焼けは、まさにホカンスの名にふさわしく、ゆったりとした休暇を過ごすことができます。メインプールの他に、キッズ＆パーティープールまであるというところが、さすがパリピ大国、韓国。そんなところが大好きです。

プールから眺めるサンセットが最高…時を止めたくなるほどの贅沢な時間。

住所／仁川広域市中区永宗海岸南路 19-5
（인천광역시 중구 영종해안남로 19-5 ）
電話番号／+82-32-743 9000
instagram／@nest__hotel

仁川国際空港1F・旅客ターミナル到着場14Cゲートからシャトルバスあり（60分間隔で運行）。

(SHOP NUMBER 91)

仁川松島セントラルパーク
インチョンソンド

인천 송도 센트럴 파크

仁川の
未来都市・松島（ソンド）
セントラルパークでブランチ

　学校のレベルが高く、教育熱心な家族や芸能人がわざわざ引っ越して来るとも言われている、仁川の新都市・松島セントラルパーク。街全体が綺麗で洗練されていて、春から秋にかけては運河を流れる水上バスも楽しめる。ソウルからはだいぶ遠いものの、仁川にもソウルに負けず劣らず、素敵なカフェがたくさん！普段は遠くてなかなか来ることができない場所だけど、重い腰をあげたくなるぐらい素敵。2020年に発行した前作でご紹介したcafe somemore も、松島に引っ越していました！シンプルで飾らない可愛さのあるカフェだけど、どこかメンズライクなエッセンスがあるところがいい。ブランチメニューとフレンチトーストが人気で、笑顔が可愛いスタッフさんたちも魅力です。

水上タクシーは月曜・冬季運休、各種ボートは平日・冬季運休（営業時間は10：00〜17：00）。乗船料は大人一人4000ウォン。街並みを眺めながらゆっくりと水上散歩。なびく風とゆったりとした時間。夕暮れ時は美しい夕焼けとネオンも一緒に楽しめる。

住所／仁川広域市延寿区シンソン路 154
　（인천 연수구 신송로 154）
営業時間／9:30-21:00　（L.O.20:00）

(SHOP NUMBER 92)

(MAP)

蘇莱浦口総合魚市場
ソ レ ポ グ

소래포구종합어시장

シンプルイズベスト！蒸しあがったエビはぷりっぷり。甘みと旨味が凝縮されたエビは本当においっっしい！

新鮮なエビをそのまま塩焼きで食べよう

ある日突然、友人から送られてきた「鉄鍋いっぱいのエビ焼き」写真。食べたくて食べたくてふるえ、いてもたってもいられず、次の日には仁川を訪れていたのです。仁川と聞いただけで、遠い … と立ちくらみがするはずなのに、エビで鯛を釣る改めエビに釣られた東山。江南駅からバスに揺られ 1 時間で小さな漁港・蘇莱浦に到着。バス停 から歩いて 15 分ほどでお目当ての「蘇莱浦口総合魚市場 」に到着!水産市場で好きな量のエビを買ったら、イートインスペースでそのままエビを調理してくれます。塩がたっぷり敷かれた鉄鍋で焼くエ ビ。コチュジャンをつけなくても、塩だけで充分おいしい！エビを必死で剥きながら会話もなく、ただ食べるのみ。ビール、焼酎とも抜群の相性！

- エビの相場は2kg(30,000ウォン)
- 調理代(13,000ウォン)
- サンチュ、ケンニッ、にんにく、コチュなどのセット(5,000ウォン)

住所／仁川広域市南洞区児岩大路一帯
　(인천광역시남동구아암대로일대)
電話番号／+82-32-446-2591
営業時間／ 8:00-21:00 　(店舗により異なる)
定休日／年中無休

コンドリフェチプ

건도리횟집

身がぎっしり詰まったズワイガニ。カニミソも旨味たっぷり。

江陵市に来たら蟹! 蟹! 蟹!

　東方神起・ユノの友人が営む刺身居酒屋。K-POP界を代表するぶっちぎりの誠実さと情熱を持つ男・ユノ。ユノの友人。それだけで絶対的安心感、待ってる間は近所をぶらぶら散歩し、30分ほどで入店。以前の江原道旅でズワイガニのおいしさに感動したので、今回はもっとたっぷり食べたいとズワイガニ＋刺身セット（中）（220,000ウォン）をオーダー。前菜から始まり刺し盛り、唐揚げ、そば、ハンバーグなどなどボリューム満点のセットです。なにより、江陵市の蟹は旨味が濃くて本当においしい…。カニミソにも乾杯。ドリンクとあわせてひとり90,000〜120,000ウォンほどと値は張りますが、せっかくここまで来たのだからと奮発！悔いなし、海の旨み大満喫でした。

他の刺身屋とは一線を画すスタイリッシュさ。女子旅でも入りやすい綺麗なお店です。

住所／江原道江陵市滄海路427
　（강원도 강릉시 창해로 427 ）
電話番号／+82-33-644-9700
営業時間／11:00 〜 23:00(L.O. 22:00)、 金・土・日・祝 11:00 〜翌 2:00
定休日／火曜日

BOHEMIAN COFFEE

보헤미안

酸味が苦手ならとおすすめされた「Panama Geisha Blend（white）」。まろやかでエグミのない、上品な苦味がおいしい…。東京にあるコーヒーの学校へ通い、バリスタ修行をしていた先生。日本語がとても堪能でびっくり。

独自のコーヒー哲学をもつ韓国バリスタ一世代 パク・イチュ先生に会いに

　韓国の人たちにドリップコーヒーを伝えた第一人者。1988年大学路から始まったボヘミアンコーヒーは、様々な場所へ移転したのち、2004年からは現在の場所で週4日営業。豆を煎り抽出するのはすべてパク・イチュ先生。70代になった今でも1日300杯ものコーヒーを淹れるのだそう。コーヒー豆を作るために、ミャンマーやなど世界各地を訪れラオスに農場を見つけるなど、現役バリバリで活動されている先生。「よりコーヒーと向き合うために、空気が良くて人のいない静かな場所でコーヒーを淹れたいと思い、江陵市を選びました。お金儲けよりもただコーヒーが好きだからやっていること。日本的に言えば度がすぎるんじゃないかな（笑）」ざっくばらんな語り口に、温かい人柄。コーヒーに対し、ずっと真摯に向き合ってきたからこその深みを感じまる。

冬は雪景色と海を眺めながらコーヒーを。

住所／江原道 江陵市 連谷面 ホンジルモッキル 55-11 （강원도 강릉시 연곡면 홍질목길 55-11）
電話番号／+82-33-662-5365
営業時間／木金曜土日 9:00-16:00/ 週末 8:00-17:00
定休日／月〜水曜日
instagram ／@bohemian_roasters

チャヒョンヒ スンドゥブチョングッチャン

차현희순두부청국장

週末だと大体どの店もウェイティングがあるが、席数が多いので20〜30分ほどで順番が来るはず。

江陵旅行必須ごはん、
辛旨純豆腐定食

　江陵を訪れたら、純豆腐チゲは必ず食べると決めている。チョダン純豆腐通りにあるお店からあらかじめ目星をつけて訪問。こちらのお店も大正解！拍手！長テーブルに用意周到に敷かれたビニール、これでこぼしたって大丈夫（ということではない）。注文時「辛いけど大丈夫？」と確認されながら「純豆腐鍋定食（순두부전골정식 20000ウォン／2人前以上から注文可能）」をオーダー。テキパキと並べられるバンチャンと焼き魚、白いご飯。これだけでもう充分に美味しくて満足。しかしそれだけでは終わらない。メインはなんと言ってもチゲなのだから。ぐつぐつ煮立つ純豆腐チゲにはタコまで入って贅沢〜！辛いけど美味しい。辛い、から美味しい。おなかの底から満足定食。

住所／ 江原特別自治道江陵市草堂洞 6-7
　　　（강원 강릉시 초당동 6-7）
電話番号／+82-33-651-08125
営業時間／ 07:30 - 20:00 （水曜は 16 時閉店）
定休日／木曜定休

SOONTOFU GELATO

순두부젤라또

（ BREAKFAST BRANCH　SOLO MEAL　MEAT DISH　HOT POT DISH　FOREIGN CUISINE　SPECIAL DAY　DINING BAR　NIGHT OUT　LOCAL SNACKS　LOCO LIFE　HOTEL　OUTING FROM SEOUL）

スンドゥブ（4,000ウォン）、インジョルミ（きなこ）（4,000ウォン）

まろやかおいしいスンドゥブジェラート

　江原道・江陵市の郷土料理である「草堂（チョダン）スンドゥブ」。朝鮮時代から400年以上に渡り受け継がれてきた味と製法のスンドゥブです。草堂エリアにはスンドゥブ専門店が集まり「草堂スンドゥブ村」として有名。ソウルで食べるものとは違い、おぼろ豆腐みたくほろほろふんわり柔らかで、あの美しい海水があるからこそ、こんなにおいしいんじゃ?!と初めて食べた時は感動したものです。

　こちらは、行列ができる大人気のスンドゥブジェラート店！「お腹がいっぱいで食べられないかも」と言っていたのに、まろやかな甘みと、濃厚なのにさっぱりした口当たりがおいしくてペロリ。全種類食べてみたくなる軽やかさです。

住所／江原道江陵市草堂スンドゥブキル95-5
　　　（강원도강릉시초당순두부길 95-5）
電話番号／+82-10-2124-1356
営業時間／10:00-19:50 （Breaktime15:30-16:40）
定休日／火曜日
instagram／@soontofugelato

Skybay Hotel GYEONGPO

スカイベイ ホテル

チェックイン時間前でも荷物だけ預けることは可能。ホテルの裏側・海岸沿いには海鮮居酒屋がたくさんあるので食事には困りません。朝からスンドゥブチゲも食べられますよ。

海を見渡せる屋上プールが最高！

　キョンポビーチ沿いに建つ SKYBAY GYEONGPO は、客室からのオーシャンビューも、屋上プールから眺める美しい海も、素晴らしい景色を堪能できるホテルです。青空のすぐ近くで悠々と水に浮かびながら、眼下には美しい海。我が世の春かと思うほどの贅沢な時間を過ごすことができます。客室も綺麗で清潔、広さも十分。早起きして朝日を見たり、海岸沿いをお散歩したり、自然に触れながら何もしないという贅沢な時間。夜もシーズン時なら観光客が海岸で遊んでいるので、安心感があります。ホテルのすぐ近くには人気カフェ「トゥエンマル」（instagram @cafe_toenmaru）も。

住所／江原道江陵市海岸路 476
　　　（강원도 강릉시 해안로 476）
電話番号／ +82-33-923 2000

あとがき

本書を手に取っていただいた皆様、ご購入いただいた皆様、最後まで読んでいただき、ありがとうございます。

前作を執筆した時はまだ韓国に住み始めたばかりで、浮き足だっていたなぁと原稿を読んでいてしみじみ。あれから 5.6 年経ち、コロナ禍での韓国留学、韓国での就業を経てすっかり韓国暮らしが日常になりました。あの頃よりも地に足のついた（？）生活を送り、現地ローカルな情報も増え、どんな風に本を届けしよう？と考えていた中で、ただの旅情報だけじゃなくリアルな韓国暮らしの小話をミックスさせたいなと思ったのです。

コーディネーターという職業柄、バランスも重視していてローカル情報だけじゃなく旅行で役立つ、24 時間開いていて気楽に入れる店も…と詰め込んでみました。

旅のおともとしても、読んでいたら韓国を旅しているような気分を味わえるような、本書を通して楽しい時間を過ごしていただけたら嬉しいです。

どたばた劇の中、いつも尽力してくださった編集の松本さん、今回もかわいいデザインを制作くださった彩乃さん、出版者の皆様。いつもおいしい店に連れて行ってくれるドンちゃん。原稿地獄で白目を剥いていた時に支えてくれた連合チーム、撮影に付き合ってくれたななちゃん、韓国語の校正を手伝ってくれたうゆゆ、インスタグラムを通していつも応援してくださる皆様へ感謝の気持ちを伝えたいです。

この本を手に取ってくださったすべての皆様、本当にありがとうございます！サランハムニダ♡

2023.2.5 東山サリー

東山サリー
@saliy83

韓国在住コーディネーター・ライター。2016年から韓国カフェにどっぷりハマり、ソウル、釜山、大邱、済州、江原など地方にまで足を運び、訪れたカフェは延べ1100軒を超える。韓国が好きすぎて、2018年に勤めていた出版社を辞めフリーランスに。ソウルへ移住し、韓国で会社員をしながら日々現地で情報収集をしている。韓国通としてTVや雑誌で活躍。著書に『韓国カフェ巡り in ソウル』『KOREA SENSE』（ワニブックス）、『本当は秘密にしたいソウルのおいしいもの巡り』（産業編集センター）がある。

本当は秘密にしたい
ソウルのおいしいもの巡り
2024-2025
2024年3月13日　第1刷発行

著（写真・文）　東山サリー
デザイン・イラスト　德吉彩乃
DTP　株式会社のほん
編集　松本貴子（産業編集センター）
制作協力　株式会社コネスト

発行　株式会社産業編集センター
〒112-0011　東京都文京区千石4丁目39番17号
TEL 03-5395-6133
FAX 03-5395-5320
印刷・製本　萩原印刷株式会社